Gabriele Haug-Schnabel / Joachim Bensel

Grundlagen der Entwicklungspsychologie

Die ersten 10 Lebensjahre

HERDER

FREIBURG · BASEL · WIEN

MIX
Papier aus verantwortungsvollen Quellen
FSC® C083411

11. Auflage 2012

www.herder.de

Umschlaggestaltung: R·M·E Roland Eschlbeck/Rosemarie Kreuzer
Umschlagbild „Kopffüßler" von Inés Brombacher (3 Jahre)
Fotos im Innenteil: Hartmut W. Schmidt, Freiburg

Satz: Barbara Herrmann, Freiburg
Herstellung: CPI books GmbH, Leck

Printed in Germany

ISBN 978-3-451-28692-6

Inhalt

Vorwort

An der Entwicklungsforschung sind heute neben der Psychologie weitere Disziplinen beteiligt, vorrangig die Medizin, die Neurowissenschaften und die (Verhaltens-)Biologie. Durch diese interdisziplinären Grenzgänge wird das Entwicklungsgeschehen differenzierter verstanden. Alle haben das eigenaktive, suchende und forschende Kind vor Augen, das in der Beziehung mit anderen die Bedeutung von Dialog und Interaktion erlebt.[1]

Entwicklungspotenzen bedürfen der Anregung und Unterstützung durch familiäre und außerfamiliäre Bezugspersonen wie der Erfahrung mit Gleichaltrigen. Auf diesem Weg können Entwicklungsaufgaben und -übergänge gemeistert werden, so dass es zur Entfaltung der Persönlichkeit, zu Entscheidungs- und Handlungsfähigkeit kommen kann.

In den ersten Lebensjahren entsteht die Architektur der Großhirnrinde. Sie ist grundlegend für die weitere biopsychosoziale Entwicklung. Das frühkindlich ausgebildete neuronale Grundmuster bestimmt die Strategien der Interaktion, Kommunikation, der Informationsverarbeitung und des Wissenserwerbs. Niemand zweifelt an der zentralen Bedeutung der frühen Kindheit für die Persönlichkeitsentwicklung und für das soziale Lernen. Wenn auch noch viel Forschung ansteht, um die richtigen Strategien zur Stimulation kennen zu lernen, so ist schon heute bekannt, welche Bereiche durch Anregung und Förderung einen Entwicklungsaufschwung bewirken, der es dem Kind ermöglicht, sein Leben nach eigenen Entwürfen zu gestalten.

Gabriele Haug-Schnabel
Joachim Bensel

---

[1] Eine kurze Darstellung der wichtigsten Entwicklungsverläufe für das Kindergartenalter gibt es auch als kindergarten heute Spezial: Haug-Schnabel, G. & Bensel, J. (2004) „Vom Säugling zum Schulkind – Entwicklungspsychologische Grundlagen“ (ISBN 3-451-00099-7).

I. Grundlegende Aspekte von Entwicklung

Wer kindliche Entwicklungswege verstehen möchte, darf es nicht bei der Betrachtung einzelner Entwicklungsaspekte belassen, sondern muss sich für die Gesamtheit der komplexen biopsychosozialen Vorgänge interessieren. Daher möchten wir Sie in diesem Kapitel zunächst mit einigen grundlegenden Aspekten von „Entwicklung“ vertraut machen, ausgehend von Fragen wie z. B. „Was ist Entwicklung?“, „Wird die Entwicklung durch die Anlage oder die Umwelt bestimmt“, „Gibt es überhaupt eine normale Entwicklung?“ Diese Fragen haben seit jeher Psychologen und andere Berufsgruppen, die über kindliche Entwicklung arbeiten, beschäftigt. Ein weiterer grundlegender Aspekt von Entwicklung ist der Zusammenhang von Erziehung und Entwicklung. Es ist bekannt, dass der Erziehungsstil und die Haltung zum Kind seine Entwicklung beeinflussen – welche konkreten Wirkungen werden hierbei erzielt? Neueste Erkenntnisse der Hirnforschung eröffnen interessante Perspektiven, die zum Verständnis kindlicher Lern- und Bildungsprozesse beitragen.

Was ist Entwicklung?

Entwicklung ist ein über die Zeit ablaufender Prozess, der von verschiedensten inneren und äußeren Einflüssen immer wieder angestoßen und von diesen in Abfolge und Geschehen bestimmt wird. Heute erwarten wir von Entwicklungsvorstellungen, dass sie erklären können, wie Individuum und Lebenskontext zusammenwirken und uns verdeutlichen, wie zurückliegende und gegenwärtige Anpassungsleistungen an Anforderungen und Aufgaben die zukünftige Entwicklung beeinflussen werden.

Wer Kinder bei ihrer Entwicklung von der Geburt bis zum 10. Geburtstag begleitet, hat einen spannenden Weg vor sich, denn es passiert Überwältigendes. Biologische, psychologische und soziale Anteile am Geschehen werden in diesen Lebensjahren dauernd neu organisiert, sobald sich ein Individuum mit bedeutenden Entwicklungsaufgaben und -übergängen auseinander setzt und so seine Entwicklung bei steigenden Anforderungen voranschreitet. Innerhalb bestimmter Entwicklungsabschnitte steht ein Kind vor Problemen und Aufgaben, die es im Sinne eines Lernprozesses bewältigen muss und die somit Teil seiner psychosozialen Entwicklung sind. Es gibt allgemeine Aufgaben und Anforderungen, die alle betreffen, wie das eigene Geschlecht und die körperliche Reifung kennen und akzeptieren zu lernen, Beziehungen zu Gleichaltrigen aufzubauen oder den Entwicklungsübergang anlässlich der Einschulung zu bewältigen. Es gehören hierzu aber auch individuell unterschiedliche Aufgaben, wie als Einzelkind, in einer die Familie ersetzenden Institution, hoch begabt oder mit besonderer Kreativität ausgestattet groß zu werden. Eine Entwicklungsaufgabe gilt als bewältigt, wenn sich ein Kind so weit entwickelt hat, dass es nun über erweiterte, differenziertere und verlässlichere Vorstellungen über sich und seine Umwelt verfügt. Dieser Zuwachs an Vorstellungskraft regt Aktivitäten an und befähigt zu Tätigkeiten, die es dem Kind ermöglichen, Besonderheiten einer Situation wahrzunehmen und diese – je nach bisheriger Erfahrung damit – zu erhalten oder zu verändern. Es bedarf entsprechender Gelegenheiten (z. B. anregender und die Selbstbildung ermöglichender Umgebungen als Bildungsvoraussetzungen) und eigener Potenziale (z. B. ausgeglichene psychosoziale Funktionsabläufe oder soziale und emotionale Kompetenzen), um Entwicklungsaufgaben erfolgreich bewältigen zu können (Petermann u. a. 2004).

Alltägliche Anforderungen und sich im Miteinander ergebende Herausforderungen stellen Kinder vor *Entwicklungsaufgaben.* Sie sollten altersgemäß bewältigt werden, damit sich ein physisches wie psychisches Wohlbefinden einstellt, unterstützt und bestärkt durch bestätigende Reaktionen der Umgebung. Die Entwicklungsaufgaben sind vielfältig. Für ein Kleinkind ist beispielsweise die Fähigkeit, auf Anweisungen der Eltern zu hören, sein Tun abzuändern, zu warten oder etwas zu unterlassen, eine bedeutsame Entwicklungsaufgabe.

Wer Entwicklung nachvollziehen und verstehen möchte, kann sich nicht nur Einzelfaktoren aussuchen und diese nachzeichnen. Wer wirklich hinter die Entwicklungskulissen schauen möchte, um angepasste wie auch fehlangepasste Entwicklung angemessen zu erfassen, muss sich für kom-

Entwicklungsperiode	Entwicklungsaufgabe
Frühe Kindheit (0–2 Jahre)	▪ Soziale Bindung ▪ Objektpermanenz ▪ Sensumotorische Intelligenz und schlichte Kausalität ▪ Motorische Funktionen
Kindheit (2–4 Jahre)	▪ Selbstkontrolle (vor allem motorisch) ▪ Sprachentwicklung ▪ Fantasie und Spiel ▪ Verfeinerung motorischer Funktionen
Schulübergang und frühes Schulalter (5–7 Jahre)	▪ Geschlechterrollenidentifikation ▪ Einfache moralische Unterscheidungen treffen ▪ Konkrete Operationen ▪ Spiel in Gruppen
Mittleres Schulalter (8–12 Jahre)	▪ Soziale Kooperation ▪ Selbstbewusstsein (fleißig, tüchtig) ▪ Erwerb der Kulturtechniken (Lesen, Schreiben etc.) ▪ Spielen und Arbeiten im Team

Tab.1: Entwicklungsaufgaben (aus Petermann u. a. 2004)

plexe biopsychosoziale Vorgänge und deren Wechselwirkungen während des Entwicklungsverlaufs interessieren. Denn eine bestimmte Konstellation von Bedingungen kann ein Risiko darstellen und deshalb eine fehlangepasste Entwicklung begünstigen, während andersartige Bedingungen eine gut angepasste Entwicklung fördern oder erste Schritte in Richtung Fehlanpassung mildern können. Man spricht von risikoerhöhenden und risikomildernden Bedingungen, die den Entwicklungsverlauf beeinflussen und z. B. ausschlaggebend dafür sein können, ob und wie stark sich benachteiligende (riskante) genetische Anlagen überhaupt auswirken.

Man unterscheidet zwei Gruppen von Risikofaktoren:

- Bedingungen, die sich auf biologische oder psychologische Merkmale des Individuums beziehen, wie z. B. genetische Belastung, geringes Geburtsgewicht oder schwieriges Temperament, und
- Bedingungen, die psychosoziale Merkmale der Umwelt des Individuums betreffen. Dazu zählen Armut, Kriminalität oder psychische Erkrankung eines Elternteils oder ständige Disharmonie in der Familie.

Mit den Ergebnissen der Risikoforschung können lediglich beschreibende Aussagen über Zusammenhänge zwischen Risikofaktoren und kindlicher Entwicklung formuliert werden, kausale Schlussfolgerungen sind nicht möglich. Zu welchem Ergebnis eine Risikobelastung führt, lässt sich nur in einem interaktionistischen Ansatz, der das Zusammenwirken von Risikofaktoren und weiteren Person-Umweltmerkmalen berücksichtigt, verständlich machen. Eine zentrale Rolle im Rahmen interaktionistischer Modelle spielen protektive Faktoren (Schutzfaktoren), die sich risikomildernd auswirken.

Ein Schutzfaktor ist ein Merkmal, das bei einer Gruppe von Individuen die Wahrscheinlichkeit für das Auftreten einer Störung oder Auffälligkeit im Vergleich zu einer Kontrollgruppe ohne diesen Schutzfaktor herabsetzt. Auch mit mehreren Schutzfaktoren versehene Individuen haben keine Garantie auf einen störungsfreien Entwicklungsverlauf, sind aber auf jeden Fall deutlich mehr gefeit vor Schädigungen als Individuen, die ohne oder mit wenigen Schutzfaktoren auskommen müssen. Schutzfaktoren puffern Risikoeffekte ab; fehlen sie, können Risikoeffekte ungeschwächt zum Tragen kommen.

Der Resilienzforscher Jürg Frick (2003) zählt eine große Anzahl protektiver Faktoren, die im Kleinen wirken, auf – ohne jeden Anspruch auf Vollständigkeit. Wie sie wirken, muss immer im Einzelfall untersucht werden, ebenso die jeweilige Gewichtung eines einzelnen Faktors im Gesamtzusammenhang. Hier eine kleine Auswahl:

- mindestens eine stabile emotionale Beziehung,
- ein unterstützendes soziales Netz außerhalb der Familie,
- eine emotional warme, offene, dennoch Struktur bietende Erziehung,
- soziale Modelle, die zur konstruktiven Problembewältigung und zum aktiven Umgang mit Belastungen ermutigen,
- dosierte soziale Verantwortlichkeit und individuell angemessene Leistungsanforderungen,
- kognitive Kompetenzen (ein mindestens durchschnittliches Intelligenzniveau) und kommunikative Fähigkeiten,
- Temperament- und Charaktereigenschaften, die das Zusammenleben mit anderen Menschen begünstigen,
- ein positives Welt- und Menschenbild, Optimismus, Humor,
- günstige Selbstwirksamkeitserfahrungen, die Überzeugung, sein Leben unter der Kontrolle zu haben (internale Kontrollüberzeugung), Selbstvertrauen sowie ein positives Selbstbild.

Schutzfaktoren werden einem Kind nicht als Paket in die Wiege gelegt und bleiben dann lebenslang wirksam. Sie müssen nach unserem heutigen Verständnis immer wieder neu aktiviert und gefördert werden, vom Kind selbst und von seiner sozialen Umgebung.

Dem Kind eigene Besonderheiten, wie z. B. ein positives Temperament, verträgliche Charaktereigenschaften, eine gute Intelligenz und ein positives Selbstkonzept, können bereits als Schutzfaktoren wirken, doch brauchen auch diese kindbezogenen positiven Merkmale zu ihrer Entfaltung, Aktivierung und Förderung einen Rahmen, der von anderen, zuerst von den Bezugspersonen, später auch von Gleichaltrigen geschaffen werden muss.

Die „Anlage-Umwelt-Diskussion"

Unterschiedliche Sichtweisen prägten jahrzehntelang die Vorstellungen über menschliche Entwicklung. Vor allem die Frage, ob die Entwicklung eher durch genetische Veranlagungen oder durch die unter bestimmten Umweltbedingungen gemachten Erfahrungen beeinflusst wird („Anlage-Umwelt-Diskussion“), beschäftigte Wissenschaftlergenerationen. Nach heutigem Entwicklungswissen liegt die Lösung nicht in einem „Entweder-oder“, sondern in einem „Sowohl-als-auch“:

- Ein Kind ist aktiv und entwickelt sich aus sich heraus.
- Ein Kind ist auch selektiv, es sucht nach bestimmten Erfahrungen gemäß seinen Interessen und Neigungen, immer abhängig von seinem Entwicklungsstand.
- Die Umwelt stellt das Angebot an Erfahrungen bereit, die das Kind machen kann.
- Das Kind seinerseits bestimmt, was es annimmt.
- Ein Kind kann quantitativ und qualitativ nur so viel an Umweltangeboten annehmen, wie es ihm von seinem Entwicklungsstand her möglich ist.
- Ein Angebot jenseits seiner Bedürfnisse bleibt bestenfalls ungenutzt, kann aber schlimmstenfalls auch seine Entwicklung beeinträchtigen.

Die heute gängigen *Interaktionsmodelle* erklären Entwicklung sowohl durch spezielle Merkmale der Umwelt und des Kindes als auch durch wechselseitige Einflüsse zwischen beiden. Das Kind selbst wie auch seine Umwelt bestimmen den Entwicklungsverlauf aktiv mit. Derartige Modelle, erarbeitet aus bereits vorliegenden wissenschaftlichen Erklärungsversuchen (Theorien) und Untersuchungsergebnissen, erleichtern es uns, ein immer besseres Abbild der Realität zu schaffen und so auch von den komplexen Entwicklungszusammenhängen immer mehr zu verstehen.

Ein Beispiel hierfür sind die aktuellen Untersuchungen über interaktive Erziehungsstile gegenüber Jungen und Mädchen. Jungen und Mädchen provozieren ihre Eltern durch ihr unterschiedliches Verhaltensangebot zu unterschiedlichem Verhalten und reagieren auch wiederum unterschiedlich auf das elterliche Verhaltensangebot (Bischof-Köhler 2002). Malatesta und Haviland konnten bereits 1985 durch die Auswertung vieler Untersuchungen eine Anzahl unterschiedlicher Dispositionen auflisten, in denen sich die Geschlechter von Geburt an unterscheiden. Bereits im nonverbalen Kontaktverhalten von Säuglingen gibt es geschlechtstypische Prädispositionen. Diese „Vorgaben" stoßen einen interaktiven Prozess bei den Bezugspersonen an und lenken ihn in eine bestimmte Richtung. Elterliches Verhalten ist intuitiv und sicherlich auch bewusst durch den Wunsch gesteuert, die Interaktion mit dem Kind zu optimieren. „Und da eben alles dafür spricht, dass Jungen und Mädchen von vornherein unterschiedliche Verhaltensangebote machen und in je eigener Weise auf soziale Einflüsse reagieren, ist die nach Geschlechtern differenzierende Sozialisation von Anfang an nicht nur Ausdruck elterlichen Gestaltungswillens, sondern auch Reaktion auf den Eigencharakter des zu gestaltenden Materials. Eine optimale Interaktion erfordert bei Jungen offensichtlich einen erhöhten Aufwand, jedenfalls aber sicher ein qualitativ anderes Verhalten als bei Mädchen." (Bischof-Köhler 2002, S. 101f.)

Eltern behandeln ihre weiblichen und männlichen Babys nicht allein deshalb unterschiedlich, weil sie aus ihnen – bewusst oder unbewusst – eine typische Frau oder einen richtigen Mann machen wollen. Die Entwicklungsverläufe beider Geschlechter im ersten Lebenshalbjahr machen unterschiedliche Elternantworten auf Mädchen und Jungen auch aus dem jeweiligen Kindverhalten heraus erklärbar und differierende Entwicklungsanregungen vor diesem Hintergrund verständlich.

Jungen sind in den ersten Wochen unausgeglichener und schwieriger zu beruhigen als Mädchen, sie schlafen auch weniger. Dadurch fordern sie generell mehr Aufmerksamkeit, ohne den Müttern aber immer zurückzumelden, dass sich ihre Anstrengungen gelohnt und ihre Interventionen das Richtige getroffen haben. Die Belohnung bleibt aus, was eine Verhaltensänderung der Mütter von Jungen für die nächste Zeit voraussagen lässt. Die emotionale Labilität der männlichen Babys ruft zwar mehr Startaufmerksamkeit hervor, aber Interaktionen mit ihnen verlaufen nicht selten kritisch und stellen damit wahrscheinlich höhere Anforderungen an die Bezugspersonen.

Mädchen verhalten sich dagegen „belohnender", schlafen mehr, lassen sich schneller beruhigen, sind „lieb" und lächeln die Mütter öfter an. Mädchen geben öfter ein positives Feedback und bekräftigen die Bemühungen der Mütter. Die schnellen Interaktionserfolge machen keine Kursänderung nötig und erlauben eine Intensivierung des Kontakts sowie eine Variation der Ausdrucksformen.

Die so genannte „normale" Entwicklung

Wie eine „richtige" Entwicklung aussieht und ob es sie überhaupt geben kann, will niemand beantworten. Die meisten Betrachtungen gehen von einem so genannten „normalen" Entwicklungsverlauf aus. Das bedarf einer Erklärung, denn das modellhafte, idealtypische Durchschnittskind, dessen altersgemäße Entwicklung in allen Bereichen genau einem Plan entspricht, gibt es in der Realität nicht. Jedes Kind entwickelt sich individuell, im Ablauf ebenso wie in der Geschwindigkeit.

Wir wissen heute (angeregt durch den Züricher Entwicklungsforscher Remo Largo, 1999), dass kein Entwicklungsmerkmal bei Kindern gleichen Alters gleich ausgeprägt ist, dass die ungeheure Entwicklungsvielfalt gleichaltriger Kinder dadurch zu Stande kommt, dass Eigenschaften und Fähigkeiten von Kind zu Kind unterschiedlich angelegt sind und unterschiedlich schnell ausreifen (*interindividuelle Variabilität*) und auch von der jeweiligen Umgebung unterschiedlich stark gefördert und somit in unterschiedlichem Maße zur Entfaltung gebracht werden (Realisierung vorhandener Potenzen). Wir wissen auch, dass selbst bei einem Kind nicht von einem identischen Entwicklungsverlauf in verschiedenen Bereichen ausgegangen werden kann (*intraindividuelle Va-*

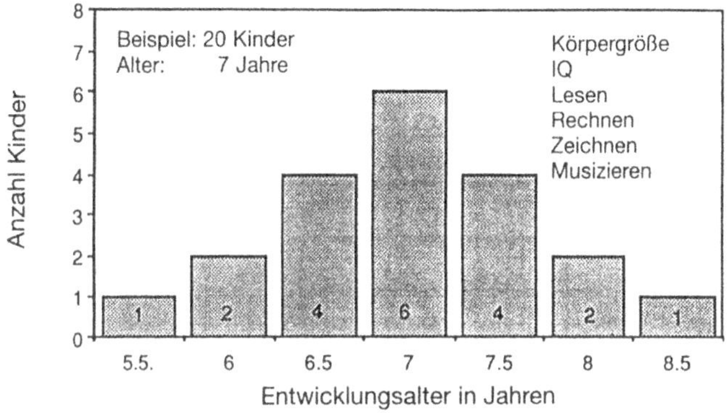

Abb. 1: Das so genannte Entwicklungsalter kann vom tatsächlichen Alter stark abweichen. Bei 20 untersuchten Kindern im Alter von 7 Jahren entsprach der Entwicklungsstand in den Bereichen Körpergröße, IQ, Lesen, Rechnen und Zeichnen nur bei ca. einem Drittel der Kinder ihrem chronologischen Alter. Die anderen zwei Drittel waren in ihrem Entwicklungsstand bis zu 1,5 Jahre voraus bzw. hinterher (aus Largo 1999).

riabilität), sondern Eigenschaften und Fähigkeiten aus verschiedenen Bereichen unterschiedlich angelegt sind und auch unterschiedlich schnell ausreifen (z. B. schnellere Fortschritte beim Sprechen als in der motorischen Entwicklung). Zudem können bestimmte Fähigkeiten, wie z. B. das Laufen, beim einen Kind völlig andere Entwicklungsverläufe nehmen als beim anderen Kind. Die Variabilität des einzelnen Entwicklungsverlaufs ist so groß, dass alle einschränkenden Normvorstellungen nicht der Wirklichkeit entsprechen (siehe Abb. 2).

Heutige Entwicklungstabellen berücksichtigen diese inter- und intraindividuellen Unterschiede. Sie sind nicht mehr Auflistungen von isolierten Einzelleistungen, die Kinder in einem bestimmten Alter zu erbringen haben (z. B. frei sitzen mit 10 Monaten), sondern relativ locker umrissene Entwicklungsabfolgen, die persönliche Abweichungen in weiten Grenzen tolerieren. So hält man etwa klare Vorsprünge in der Sprachentwicklung und Verzögerungen in der motorischen Entwicklung für durchaus normal, und beide Werte gehen in die Gesamtbeurteilung des Entwicklungsstandes eines Kindes mit ein.

An ausgewählten Beispielen der Entwicklung vom Säugling zum Kleinkind kann man sehen, wie vielfältig und damit auch höchst unter-

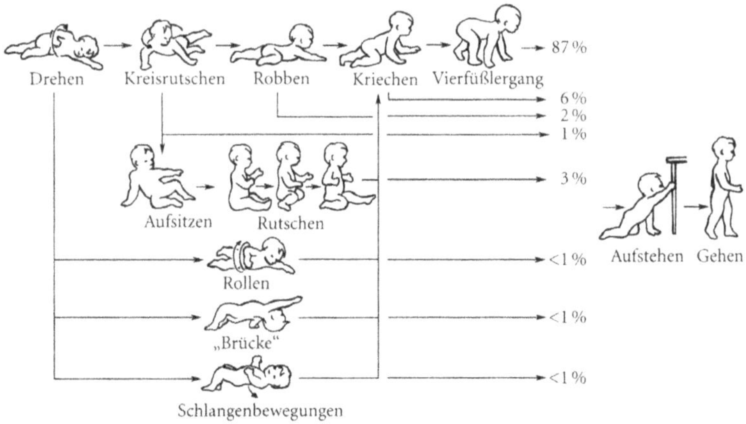

Abb. 2: Viele Wege führen zum Gehen. Neue Untersuchungen zeigen, wie unterschiedlich „normale" Entwicklung verlaufen kann (aus Largo 1999).

schiedlich Entwicklungsprozesse ablaufen können. Manchmal kann man zur Veranschaulichung an das Bild einer Treppe denken: Ist eine Entwicklungsstufe erreicht, kommt die nächste Stufe und baut auf die vorangegangene auf, ohne dass diese im Verhalten weiterhin beobachtbar bleiben muss. Manche Kinder lassen einige Stufen aus, überspringen sie scheinbar und kommen trotzdem – ein Stück weiter – an derselben Stelle an wie Kinder, die jede Stufe durchlaufen haben. Die motorische Entwicklung läuft nach diesem Muster ab. Entwicklung kann aber auch in verschiedenen Bereichen gleichzeitig beginnen und nach und nach kommen immer wieder neue Fähigkeiten hinzu, ohne dass die vorangegangenen an Bedeutung verlieren oder gar verschwinden. So sind bereits von Geburt an die Nahrungsaufnahme und das frühkindliche Kontaktbedürfnis voll entwickelt. Etwas später folgen die individuelle Bindung an die Bezugspersonen, dann der Verhaltensbereich Erkunden, Spielen, Nachahmen und erst Jahre später ein merklicher Fortschritt bei der sexuellen Reifung.

Entwicklung verläuft in Sprüngen

Es wird immer deutlicher: Entwicklung läuft eher in Sprüngen als kontinuierlich ab und schließt auch Rückschläge mit ein. Für einige Abschnitte in den ersten drei Lebensjahren ist keine gleichmäßige Entwicklung zu beobachten. Zu bestimmten Zeiten – meist im Abstand von einigen Wochen – finden, offensichtlich reifungsbedingt, abrupte und fundamentale Umorganisationen im Gehirn statt, die, sind sie überstanden, dem Kind schlagartig neue Lernformen, verbesserte Wahrnehmungspraktiken und bislang noch nicht da gewesene Fähigkeiten ermöglichen. Was passiert? Das Kind entwickelt sich weiter. Doch zunächst ist es hiervon verunsichert und reagiert befremdet. Es zeigt regressives Verhalten, wird wieder „babyhaft": Es kann die Treppe nicht mehr allein hinuntergehen, sich nicht mehr anziehen, schläft schlecht, isst nicht, verlangt wieder nach der Flasche und vieles mehr, von dem die Eltern gehofft hatten, es wäre überwunden. Das ist auch der Fall, doch der große Entwicklungsschritt wirkt sich erst einmal als Rückschritt aus, bis das Kind ihn verkraftet hat und umsetzen kann. Von einem Tag auf den anderen ist es dann „um Welten weiter". Doch anfangs traut sich ein Kind plötzlich einige Aktivitäten nicht mehr zu und fordert Hilfe in Situationen, die es eigentlich schon selbstständig bewältigen könnte. Es ist ein Schutzmechanismus, der zum Einsatz kommt, bevor zu viel Neues die innere Stabilität gefährden würde. Um den Fortschritt zu verkraften, wird Hilfe geholt, und zwar bei den bereits für Schutz zuständigen Bezugspersonen.

Ein weiteres Element muss dazukommen, sonst ginge es nicht vorwärts, und dieses Element kommt: Es gibt Misstöne. Die Mutter gewährt wieder mehr Nähe, aber dann entzieht sie sich genervt, das Kind fordert sie mit Nachdruck zurück, die Mutter akzeptiert kurz das regressive Verhalten, entzieht sich wieder mit dem Hinweis: „Das kannst du allein!" Dieser Interessenskonflikt ist wichtig, er ist der Motor, der die Entwicklung weiterbringt. Der Sprung wird gemacht und damit die Hürde genommen. Jetzt geht es wieder vorwärts. Die mütterliche Haltung, den Rückfall nicht längerfristig, sondern nur zum kurzfristigen Verschnaufen zu akzeptieren, dabei aber schützende Nähe und vor allem Vertrauen in die erweiterten Fähigkeiten des Kindes zu signalisieren, wirkt als echte

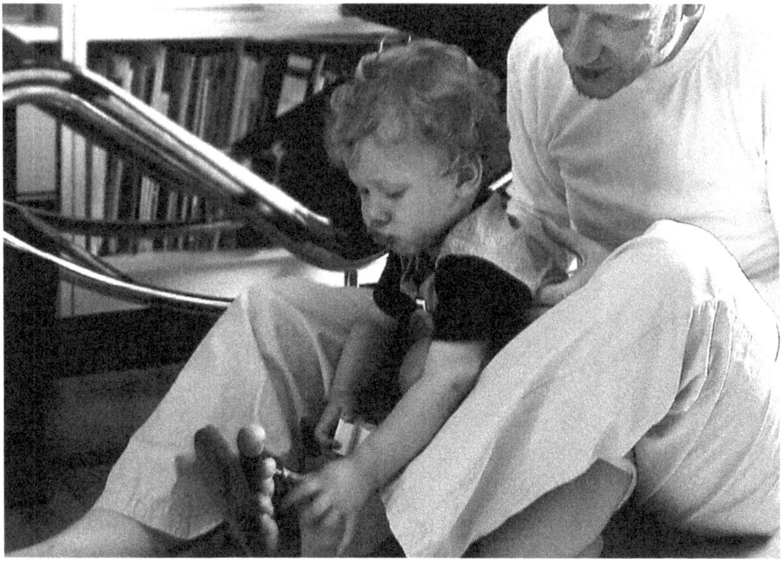

Förderung. Die schwache Phase ist überwunden, sie war aber wichtig, um den Sprung zu machen. Sie auszulassen, käme einem Erfahrungsentzug gleich. Das Kind hat gelernt: Man darf auch mal schwach sein und findet Rückhalt und Ansporn beim Wiederdurchstarten.

Störungen der Entwicklung

Entwicklungsstörungen werden oft mit Fehlentwicklungen gleichgesetzt. Die Bezeichnungen „Fehlentwicklung", „Fehlverhalten" oder „unangemessenes Verhalten" sind vor dem Hintergrund neuer entwicklungspsychologischer Erkenntnisse problematisch. Ein so genanntes Fehlverhalten kann ein äußerst sinnvolles Signalverhalten sein, um auf besondere Zustände der Lebensumwelt oder auf spezielle, bislang nicht adäquat beachtete Schwierigkeiten bei der Bewältigung von Entwicklungsaufgaben aufmerksam zu machen. Oft zeigt erst ein genauer Blick, dass ein „unangemessenes Verhalten" in einer unangemessenen Umwelt durchaus angemessen sein kann, da Kinder ihr Verhalten notgedrungen an die Bedingungen anpassen, die sie vorfinden. Oft wird auch vergessen, dass aktuell als „störend“ empfundene Verhaltensweisen nichts anderes sind als aus einer anderen Entwicklungsstufe übrig gebliebene Problemlösungsstrategien, die damals recht Erfolg versprechend aussahen. Detektivisch sollte zu dem Punkt zurückgegangen werden, an dem ein heute als „Störung“ bezeichnetes Verhalten noch sinnvoll und folgerichtig erschien. Erst dann kann das Einüben neuer Verhaltensmuster, das Verstehen und Erproben kompetenterer Verhaltensstrategien wirkungsvoll sein.

Ein Beispiel: Quengelheini und Jammerliese

Diese „Karrieren“ starten mit Verhaltensweisen, die alle Kinder hin und wieder benutzen, wenn sie etwas wollen oder partout eben nicht wollen: Jammern, Quengeln, Schreien und schließlich Toben. Im Normalfall wird das Jammern unterbunden oder ignoriert, man lenkt das Kind ab, sodass es von sich aus sein Verhalten ändert. Das Kind begreift recht schnell, dass der Einsatz dieses nervenden Verhaltens nicht geeignet ist, seine Wünsche erfüllt zu bekommen.

Ganz anders sieht die Situation aus, wenn die Erwachsenen mitunter zwar auch signalisieren, dass sie Jammern, Quengeln und Schreien für keine gute Art halten, auf seine Wünsche aufmerksam zu machen, meistens jedoch nach einiger qualender Zeit entnervt nachgeben und mit dem Satz „Mach doch, was du willst!“ die Erziehungszügel aus der Hand geben. Dann lernt das Kind: ich muss beharrlich weiterjammern und verstärkt quengeln, um mein Ziel zu erreichen.

Will man an diesem auffälligen Verhalten etwas ändern, muss genau an dieser Stelle angesetzt und umgelernt werden. Auf Jammerei darf nie mehr der erhoffte Effekt folgen. Die wenigen Male, in denen andere, angemessene Strategien zur Kontaktaufnahme und Wunschäußerung vom Kind angewandt werden, müssen bemerkt und bereits im Ansatz unterstützt werden und sollten – soweit möglich – erfolgreich sein. Wichtig sind auch Erklärungen, warum so nicht und wie besser agiert und positiv beeinflusst werden kann. Nur wenn die Strategie unwirksam wird und das Kind bei der Suche nach einer Alternative Hilfe bekommt, kann der alte Weg verlassen werden.

Ein weiteres Beispiel: fehlgesteuerte Lernprozesse beim Essverhalten

In der Familie entstehen Essgewohnheiten. Schon in den ersten Lebenswochen sammeln Kinder Erfahrungen. Was muss in einem Säugling vorgehen, der bei jedem Schreien die Brust oder Flasche in den Mund gesteckt bekommt, mit der Aufforderung „trink", um wieder still zu werden, auch wenn er mit seinem Schrei etwas ganz anderes als Hunger melden wollte. Er schreit vielleicht, weil er einsam ist, sich nach Zuwendung sehnt, sich unterhalten will oder spielen möchte, oder aus Unmut, Langeweile oder gar Angst. Durch die Pauschalantwort „Nahrung" kann gelernt werden, generell alle negativ besetzten Gefühlszustände mit Nahrungsaufnahme zu beantworten. Die Folgen dieses „Abspeisens" werden mit der sich entwickelnden Gewohnheit, bei Stress zu essen, in Verbindung gebracht.

Der Lernweg kann lang sein und vielfältige Verstärkung erleben. Im Kleinstkindalter ist es die Nuckelflasche, die ruhig stellen und (ver)trösten soll. Etwas später werden Bonbons oder ein Eis eingesetzt, „damit etwas nicht mehr wehtut". Die durch derartige Tröster eintretende Ruhe verleitet dazu, im Bedarfsfall undifferenziert nach ihnen zu greifen, ohne Sensibilität für die aktuellen kindlichen Signale. Durch Nahrungs- oder Flüssigkeitsgabe können unterschiedlichste Bedürfnisse mit einer einzigen Sorte Befriedigungsangebot beantwortet werden. Die zugeführten Nährstoffe wirken stoffwechselphysiologisch beruhigend, kurzfristig scheinen negative Gefühle wie Einsamkeit, Frustration und Langeweile verschwunden. Dies wird zum ernsten Problem, wenn andere Strategien, mit negativen Gefühlen umzugehen, nicht zur Verfügung stehen. Die orale Befriedigung wird zur erstgewählten Bedürfnisbefriedigung. Esswünsche und emotionale Bedürfnisse sind nur noch schwer zu trennen, es droht Abhängigkeit.

Der Zugang zu kindlichen Verhaltensweisen fällt generell leichter, wenn verstanden wird, dass dieses Verhalten eine Antwort auf das ist, was wir Kindern anbieten. Kinder antworten auf das, was sie aktuell beobachten, erleben, erfahren oder vorfinden. Sie reagieren auf das Verhalten oder die Äußerung eines anderen Kindes, auf das Verhalten der Erzieherin, auf ein Erlebnis, das schon länger zurückliegt, sie aber immer noch beschäftigt, auf räumliche Umgebung, z. B. Enge, auf das tägliche Einerlei, aber auch auf Veränderungen des gewohnten Ablaufs. Auf ihre Rolle in der Spielgruppe, die sich gerade gebildet hat und auf Dinge, die sich kurz vor Kindergartenbeginn zu Hause oder auf dem Weg ereignet haben.

Ob pädagogische Bemühungen oder Therapien tatsächlich wirksam sind, kann nur festgestellt werden, wenn kindliche Entwicklungspotenzen ebenso beachtet werden wie die wechselseitigen Interaktionen zwischen beeinflussenden Faktoren der Umwelt und den daran orientierten kindlichen Strategien zur Lebensbewältigung.

Fragen zur Entwicklungsförderung

Vor diesem Hintergrund muss sich auch die aktuelle Entwicklungsförderung wichtigen Fragen stellen.

Sind wir uns bewusst, ein Kind zu fördern?

Wäre dies der Fall, müssten elterliche, pädagogische und therapeutische Förderungsmaßnahmen darauf ausgerichtet sein, den speziellen Anforderungen des jeweiligen Entwicklungsabschnitts „Säugling", „Kleinstkind", „Kindergartenkind", „Schulkind" gerecht zu werden. Häufig wird jedoch nach wie vor versucht, auf möglichst wenigen Umwegen das Kind zielbewusst aus einer „Welt der kleinen (unzulänglichen) Erwachsenen" in eine „Welt der großen (kompetenten) Erwachsenen" zu geleiten. Obwohl Babyforscher immer mehr Kompetenzen schon beim Säugling ausmachen, werden diese oft nicht als eigene Qualitäten verstanden, sondern als vorübergehende und dadurch eher zu vernachlässigende Stadien auf dem Weg zum Erwachsenen. Es gilt also, das eigene Bild vom Kind zu überdenken.

Verlieren wir das individuelle Kind nicht aus dem Blick?

Versucht eine Förderung die spezifischen Möglichkeiten eines Kindes, abhängig von seiner genetischen Ausstattung und seinen bisherigen Chancen zur Realisierung dieser Potenzen, wahrzunehmen und seine individuellen Bedürfnisse zu befriedigen? Zu oft orientieren sich Förderungsmaßnahmen an isoliert erhobenen Leistungseinzelwerten und engen so bei einem Vergleich die Vielfalt der Fähigkeiten und die unterschiedlichen Entwicklungsgeschwindigkeiten eines Kindes auf messbare Tabellenwerte des statistischen Durchschnittskindes eines bestimmten Alters ein. Der Bereich der Normalität muss dem ganzen Ausmaß der Vielfalt Rechnung tragen und diese als biologische Realität akzeptieren, will man den biopsychologischen Bedürfnissen und Eigenschaften eines jeden Kindes gerecht werden.

Ist wirklich Entwicklungsförderung das Ziel?

Das lässt sich relativ leicht erkennen: Es müssen Lebensbedingungen geschaffen werden, unter denen die Bedürfnisse der Kindheit erfüllt und Kinder von sich aus aktiv werden können. Es muss einem Kind ermöglicht werden, eine stabile Bindung zu seinen Bezugspersonen aufzubauen, es müssen ihm Zeit und Freiraum zur Entfaltung seiner Fähigkeiten gewährt und ausreichende Kontakt- und Interaktionsmöglichkeiten mit ihm vertrauten erwachsenen Bezugspersonen und zunehmend attraktiver werdenden Gleichaltrigen geboten werden. Sonst fördern wir am Kind vorbei und konfrontieren es – bestenfalls nutzlos, manchmal aber auch schädigend – mit unseren Vorstellungen in Sachen Tagesablauf, Selbstständigkeit, Leistung und Sozialkompetenz, ohne Rücksicht auf seine biologische Ausstattung, den Stand seiner Reifungsprozesse und die bislang gemachten Erfahrungen. Solange vermeintliche kindliche „Defizite" und „Unzulänglichkeiten" im Vordergrund unserer Kindbetrachtungen stehen, bleiben Förderungsbemühungen – pädagogische wie therapeutische – fragwürdig.

Frühe Förderung durch zugewandte Interaktion

Trotz skurriler Förderungsideen, wie etwa dem in Japan praktizierten pränatalen Englischunterricht im sechsten Schwangerschaftsmonat, nimmt weiterhin die Eltern-Kind-Beziehung eine Schlüsselfunktion in der Entwicklungsförderung ein. Eine positive Eltern-Kind-Beziehung stellt eine generelle entwicklungsförderliche Bedingung und damit eine wichtige Ressource für die normale oder durch risikoerhöhende Faktoren beeinträchtigte kindliche Entwicklung dar.

Der „Flynn-Effekt", die kontinuierliche Zunahme des IQ während der letzten hundert Jahre, geht zu einem nicht geringen Teil auf Fortschritte in der Schwangerenvorsorge, auf eine mutter- und kindgemäße Geburtssituation, auf den Rückgang an unterernährten Kindern sowie auf die Verbesserung der kindlichen Lebenswelt und auf eine veränderte Betreuung zurück. Seinem ungeborenen Kind bereits Lernangebote zu machen, hat sich als wirkungslose Zusatzstimulation erwiesen, die keine Spuren hinterlässt. Der „normale" Reichtum der Schwangerschaftsstimulationen reicht für eine optimale Gehirnentwicklung aus. Sein Kind möglichst lange während des ersten Lebensjahres zu stillen, lässt seinen IQ steigen. Gestillte Kinder schneiden im Alter von acht Jahren bei IQ-Tests um durchschnittlich acht Punkte besser ab als flaschenernährte Kinder. Nicht auf Grund der Muttermilch allein, sondern vor allem durch den interaktiven Akt des Stillens, der intelligentes Potenzial zur Entfaltung bringt (Eliot 2001). Es ist der Umgang der Eltern mit dem Kind und die Gestaltung seiner Lebensumwelt, die den Anregungsgehalt der Kindheit ausmachen. Eine sichere Bindung versetzt Kinder in die bestmögliche Ausgangsposition, um ihre Umgebung wahrzunehmen und Veränderungen zu bemerken. Sie lernen, auf Geschehnisse Einfluss zu nehmen.

Eine fürsorgliche, empathische Erziehung, in der Angebote und Reaktionen den kindlichen Entwicklungsstand wie auch das momentane Befinden des Kindes einbeziehen, gilt als das familiäre Merkmal, das den größten Anteil daran hat, dass sich „Rohintelligenz" in kompetente Lebensbewältigung und Schulleistungen umsetzen kann. Auf vielfältige Art und Weise die kindliche Aufmerksamkeit zu erregen und auf Menschen, Gegenstände und Geschehnisse zu lenken, bedeutet Gewöhnungsprozesse, während derer nur mit „halbem Hirn" gearbeitet wird, außer Kraft zu setzen. Mehr noch, die angeborene Neugier und die Erkundungsbereitschaft werden aktiviert, was als direkte Förderung vieler Entwicklungsbereiche gilt. Neugier und Erkundungsbereitschaft greifen überall Wahrnehmungen und Erlebnisse auf, lassen das Kind handeln, sich aber auch Abläufe vorstellen, mit anderen durchsprechen, Zusammenhänge fantasievoll durchdenken und auf diesem Weg die so erfahrene Welt immer neu deuten.

Was hat Erziehung mit Entwicklung zu tun?

Erziehung kann Entwicklungsverläufen den geeigneten Rahmen geben und Entwicklung anregen. Erwachsene erziehen ihre Kinder. Kinder entwickeln sich. Wie nimmt z. B. die elterliche Erziehung auf den Entwicklungsverlauf Einfluss, und tut sie das wirklich? Kann Erziehung bemerkenswerte Entwicklungsfortschritte möglich machen und vor der Entwicklung unerwünschten Verhaltens schützen? Oder ist es allein der hoffnungsvolle Wunsch von Eltern und Pädagog(inn)en, ein Stück weit die Richtung der Entwicklung vorgeben zu können? Die amerikanische Psychologin Judith Rich Harris (2000) fragt provokant, inwieweit Kinder überhaupt erziehbar sind, und ob die Aussage nicht eher heißen müsste: Kinder erziehen sich selbst, Eltern sind austauschbar. Etwa die Hälfte der intellektuellen und persönlichen Merkmale führt sie auf die individuellen Gene zurück. Den Rest bezeichnet Harris als umweltbedingt; ihrer Meinung nach jedoch nicht durch den Einfluss der Eltern zu Stande gekommen, sondern durch den der Peergroup, die alle gleichaltrigen Freunde und Bekannten der Kinder umfasst.

Diskussionen über die Erziehbarkeit von Kindern und somit auch über den elterlichen Einfluss auf die kindliche Entwicklung sind auf der Ebene grober Persönlichkeitsmerkmale wie Introvertiertheit oder Extrovertiertheit unergiebig. Spricht man von Einflussfaktoren der so genannten geteilten Umwelt, also von Merkmalen, die auf alle Kinder einer Familie in gleicher Weise einwirken, wie z. B. Familiengröße, Schichtzugehörigkeit, Lebensstandard und generelle Erziehungsvorstellungen, so haben diese Faktoren tatsächlich keinen großen Einfluss. Im Gegensatz dazu spielt die so genannte nichtgeteilte Umwelt eine weit größere Rolle. Geschwister nehmen beispielsweise das familiäre Erziehungsklima und die tägliche Erziehungspraxis der Eltern unterschiedlich wahr, woraus jedoch nicht der Schluss gezogen werden kann, dass der Einfluss der Eltern beliebig und somit irrelevant wäre, sondern nur, dass er – abhängig von der jeweiligen individuellen Persönlichkeit – unterschiedlich empfunden und verarbeitet wird. Ein Kind bringt weit mehr an eigenem Persönlichkeitsprofil mit auf die Welt, als man bisher angenommen hat. Und es gestaltet seine Entwicklung mit, aktiv und durchaus den Ton angebend. Inwieweit ihm dies möglich ist, hängt anfangs von der elterlichen Betreuung und Erziehung ab, später dann immer mehr auch von außerhäuslichen Beziehungs- und Erziehungserfahrungen. Zum Beispiel beeinflusst das Familienklima, wie ein Kind auf die Welt zugeht – eher verhalten, mit einer ängstlich getönten Grundhaltung oder eher positiv, indem es die Herausforderung sucht und Probleme anpackt.

Die Erziehbarkeit von Kindern ist vorhanden, nur bedarf sie bestimmter Voraussetzungen: Erziehung ist umso wirkungsvoller, je stärker sich die Eltern mit ihrem Verhalten am Entwicklungsverlauf ihres Kindes orientieren – in einer Mischung aus Liebe, Anteilnahme, Konsequenz, Motivation und Anspruch. Idealtypisch werden vier Erziehungsstile unterschieden, nach denen Eltern schwerpunktmäßig – bei vielen Überschneidungen – erziehen (Baumrind 1978):

- Der *autoritäre Erziehungsstil* verlangt in erster Linie Gehorsam und Unterordnung unter aufgestellte Regeln. Diese sind eher starr und werden durch Tadel und Strafen eingehalten.
- Der *autoritative (-partizipative)* oder *demokratische Erziehungsstil* ist trotz irritierender Wortähnlichkeit etwas völlig anderes: Er basiert auf einer emotional warmen Beziehung, in der Eltern für die Bedürfnisse der Kinder grundsätzlich offen sind. Innerhalb klar umrissener, für das Kind nachvollziehbar begründeter Grenzen wird die Autonomie des Kindes gefördert. Mit Lob und Ermutigung werden hohe Erwartungen an das Kind vermittelt.
- Der *permissive (nachgiebige) Erziehungsstil* basiert ebenfalls auf einer emotional warmen Beziehung, doch wird die gesamte Erziehungsarbeit in die Verantwortung des Kindes abgegeben. So wird auf Strafen ebenso wie auf eine konsequente Grenzziehung oder ernst gemeinte Anforderungen verzichtet.
- Der *vernachlässigende Erziehungsstil* sieht wenig Notwendigkeit und somit auch wenig Zeit und Interesse für kindliche Bedürfnisse und Belange vor.

Erziehungsstile sind nicht unabhängig von der Haltung zum Kind. Eltern, die ihrem Kind gegenüber Wertschätzung, Respekt und Akzeptanz aufbringen sowie in ihrem Erziehungsverhalten vorhersagbar und sicher agieren, haben die meisten Erziehungserfolge. Genau das sind die Grundpfeiler des *autoritativen Erziehungsstils*. Er unterstützt eine bestmögliche individuelle Entwicklung, wirkt also protektiv. Viele Studien kamen zu dem Ergebnis, dass derart erzogene Kinder lebenstüchtig, selbstbewusst, handlungs- und entscheidungsfähig werden, wenig unter Depressionen, Angst oder Aggressionen leiden und deshalb ihr Leben tatkräftig in die Hand nehmen können.

Im Erziehungsalltag heißt dies, dass Eltern oder Erzieher/innen klar zum Ausdruck bringen, welches Verhalten sie erwarten und welches von ihnen nicht akzeptiert wird. Deshalb sind sie auch aufmerksam, ja wachsam für kindliches Verhalten in ihrer Nähe wie „außer Haus" und schreiten gegebenenfalls ein. Das Kind merkt, dass seine Persönlichkeit aufmerksam wahrgenommen wird, es in seiner Selbstständigkeit ernst genommen und unterstützt wird, es spürt die emotionale Zugewandtheit der Erwachsenen und profitiert von dieser offenen, partnerschaftlichen Kommunikation.

Erkenntnisse der Hirnforschung im Hinblick auf Lern- und Bildungsprozesse

Wie kann Kindern etwas beigebracht werden? Inzwischen wird diese Frage auch von Hirnforschern beantwortet; deren Ergebnisse werden in die Pädagogik zu übertragen versucht. Sinnessignale der Umwelt wirken sich nur dann auf die Entwicklung der Hirnstruktur des Kindes aus, wenn sie im Rahmen von aktiven Interaktionen mit der Umwelt stattfinden, bei denen das Kind die Initiative hat. Etwas selbst zu machen, ist also auch im Hinblick auf die Entwicklung des jungen Gehirns entscheidend wichtig. Verschiedene Teile der Hirnrinde entwickeln sich mit unterschiedlicher Geschwindigkeit; das bedeutet, dass verschiedene Funktionsbereiche des Gehirns in bestimmten Lebensphasen eines Menschen besonders stark darauf angewiesen sind, Informationen aus der Umwelt zu erhalten, um sich richtig ausbilden zu können. Besonders eindrücklich zeigen sich solch kritische Perioden oder *sensiblen Phasen* bei der Entwicklung der Sprache. So beginnen wir bereits im Mutterleib, auf unsere jeweilige Sprachumgebung zu achten und die feinen Unterschiede zwischen den einzelnen Lauten herauszuhören. Auch Asiaten können den Unterschied zwischen „r" und „l" leicht unterscheiden und später richtig sprechen, wenn sie in den ersten Jahren in einem entsprechenden Sprachraum aufgewachsen sind. Auch eine Zweitsprache ist viel leichter zu lernen und erreicht nur dann das Perfektionsniveau der Erstsprache, wenn ein Kind bereits während seiner Kindheit damit häufig konfrontiert wird.

Sensible Entwicklungsphasen existieren auch für den Erwerb motorischer Fertigkeiten. Menschen, die z. B. erst als Erwachsene Radfahren lernen, haben damit häufig große Schwierigkeiten. Auch das Erlernen von Musikinstrumenten muss früh erfolgen, wenn Perfektion das Ziel ist. Hirnentwicklung vollzieht sich aber durchaus bis zum Abschluss der Pubertät, und es gibt auch sehr späte sensible Entwicklungsphasen. Während klar ist, dass ein Erfahrungsentzug in bestimmten Entwicklungsbereichen zu einer nicht optimalen Ausbildung der zugehörigen Hirnstrukturen führt, ist unklar, inwieweit die strukturelle Komplexität des Gehirns durch übermäßiges Üben eines Teilbereichs gesteigert werden kann. Auch ist ungewiss, ob beispielsweise intensives Üben eines Musikinstruments nicht auf Kosten anderer Funktionen geschieht.

Bildung oder Selbstbildung?

Die Tatsache, dass man Kindern nichts beibringen kann, dass sie sich letztlich selbst bilden, auf der Basis dessen, was ihnen ihre Lebensumwelt anbietet, wird – einer uralten Bildungstradition konträr gegenüberstehend – noch oft mit Skepsis betrachtet. Der Pädagoge Gerd Schäfer (2003) weist darauf hin, dass Bildung und Lernen nicht so funktionieren, dass Wissen von jemandem, der etwas weiß, zu jemandem, der etwas noch nicht weiß, also hier ein Defizit hat, transportiert wird. Bildungsprozesse sind weit komplizierter, dadurch ist der Erfolg aber auch viel sicherer. Es geht um die Verarbeitung von Informationen aus der Umwelt. Doch alles zu Lernende wird zuerst individuell wahrgenommen und dann noch individuell interpretiert. Das bedeutet natürlich auch, dass Bildungsprozesse einen jeden zu individuellen Vorstellungen und Einstellungen kommen lassen. Denn Bewusstseinsinhalte sind das Ergebnis von Wahrnehmungsakten und Denkvorgängen und weisen deshalb von Mensch zu Mensch individuelle Unterschiede auf.

Wir können nun zum einen aus eigenen Erfahrungen lernen, aus dem, was wir selbst wahrgenommen, geordnet, in Bilder gefasst und schließlich in Sprache übersetzt haben *(Lernen aus 1. Hand)*. Unter *Lernen aus 2. Hand* verstehen wir die Übernahme von Erfahrungen anderer, von denen diese uns berichten. Das Lernen aus 2. Hand geht schneller. Man muss nicht selbst wahrnehmen und über seine Wahrnehmungen nachdenken, sondern bekommt die Gedanken bereits logisch geordnet und ausgewertet geliefert. Aber hier taucht auch ein Problem auf. Man kann eigene Erfahrungen in Sprache fassen, aber man kann Mitgeteiltes nicht umgekehrt unmittelbar in Erfahrung umwandeln. Das heißt, Erfahrungen, die einem Kind mitgeteilt wurden, sind dadurch noch lange nicht zu Erfahrungen des Kindes geworden. Sicher weiß ein Kind dadurch etwas, aber um derart Mitgeteiltes begreifen zu können, in seiner Bedeutung einschätzen, es gar realistisch überprüfen und in ein anderes Gedankenszenario einsetzen zu können, muss es reale Erfahrungen haben, vor deren Hintergrund es das Mitgeteilte in bereits Bekanntes einordnen kann. Schäfer stellt hier die kritische Frage: „Wie viel reale Erfahrung braucht ein Kind, um Erfahrungen, die ihm über die Sprache vermittelt werden, richtig verstehen, einschätzen und deuten zu können?“ (Schäfer 2003, S. 42)

Unser schulisches Bildungsverständnis umfasst all die Bildungsgüter in unserer Kultur, die durch Mitteilung weitergeben werden können. Man übersieht dabei alle nicht sprachlich speicherbaren Bildungsprozesse. Man ignoriert oder unterschätzt vor allem die Formen der Bildung, die aus eigenen Erfahrungen entstehen. Das hat Auswirkungen auf die Fähigkeit, neu auftretende Probleme zu lösen, für die man noch keine fertige Lösung hat, sondern erst eine finden muss.

Die Neurobiologie lehrt, dass unsere Hirne die Denkfähigkeiten entwickeln, die in einem bestimmten Umfeld gebraucht werden, und diejenigen sich zurückbilden, die keine soziale Resonanz finden. Wenn man hier weiterdenkt, muss man überlegen, was es bedeutet, dass Kinder als Entdecker und Erfinder auf die Welt kommen, ihnen aber unser Bildungssystem abverlangt, hauptsächlich das zu tun, was die Gesellschaft verbindlich erwartet und dabei die Sinnesfähigkeiten, Vorstellungswelten und erfinderische Gedanken der Kinder immer weniger zu Wort kommen lässt. Wir erziehen passive Konsumenten. Das haben viele Entwicklungsforscher erkannt, doch Schäfer (2003) hat es auf den Punkt gebracht: Unsere Kinder und Jugendliche haben *auf Rezeptivität getunte Gehirne*, aber keine, die plötzlich wieder neugierig, selbstständig, geist- und lustvoll neue Probleme angehen wollen.

Individuelle Förderung

Wichtig ist, zu bedenken, dass es gewaltige Unterschiede in den Entwicklungsgeschwindigkeiten der einzelnen Kinder gibt, selbst zwischen Geschwistern; dabei wirken genetische und Umweltfaktoren eng zusammen. Das bedeutet aber, dass eine pädagogische Förderung in sehr starkem Maße auf die individuellen Gegebenheiten abgestimmt sein muss. Angebote müssen zu den zeitlich unterschiedlich liegenden Entwicklungsfenstern der Kinder passen, um ihre optimale Wirkung zu entfalten. Da diese Entwicklungsfenster relativ breit sind und – wie gesagt – die individuellen Unterschiede sehr groß, ist es am besten, sorgfältig darauf zu achten, wofür sich das einzelne Kind gerade interessiert, wonach es verlangt und wodurch man es freudig stimmt. Den Kindern unpassende Angebote aufzuzwingen, um ihre Entwicklung zu beschleunigen, ist unnütz, wenn nicht sogar schädlich.

In Bezug auf die Förderung der Kommunikationsfähigkeit der Kinder betont Hirnforscher Wolf Singer (2001), wie wichtig es ist, auf die nonverbale Kommunikation zu achten, da durch musikalische, mimische, gestische, bildnerische und tänzerische Ausdrucksformen Informationen vermittelt werden können, die sich nur schwer in rationale Sprache fassen lassen. Er bemängelt, dass die nonverbale Kommunikations- und Ausdrucksfähigkeit in der kindlichen Entwicklung zu wenig und zu spät gefördert wird und auf Kosten der Ausbildung der Sprache vernachlässigt wird („nonverbale Deprivation"). Bestätigung bekommen diese Ideen von Gewaltpräventionsprogrammen im Grundschul- und Kindergartenbereich, deren Hauptziel es ist, das Verständnis der Kinder für die momentane Gestimmtheit anderer Menschen zu fördern, Signale, die andere über Körper und Gesicht senden, richtig zu deuten, um adäquat und empathisch reagieren zu können. Häufig entstehen Konflikte allein durch die Fehlinterpretation von Verhaltensweisen anderer, die als Angriff missgedeutet werden und damit fast automatisch zu einer aggressiven Reaktion bei Kindern, die diese „Entzifferungsschwierigkeiten" haben, führen.

Sich Zeit zu nehmen, einander zu verstehen, Fragen hervorzulocken und keine Antworten schuldig zu bleiben, fördert die Sprachentwicklung, die emotionale Ausdrucksfähigkeit und das Selbstbewusstsein und unterstützt das Kind darin, seiner Welt eine Struktur zu geben. Wenn etwas seine Wissbegierde geweckt hat, ergreift es eigeninitiativ jede Chance, sich mehr Wissen zu verschaffen. Es gelingt ihm in dieser Situation, Motivation, Konzentration und Ausdauer auf den Punkt genau zu bündeln. Jetzt sind es die Aufmerksamkeit und das Verhalten des Erwachsenen, die über einen Lernerfolg entscheiden. Fühlt sich das Kind angesprochen, wird seine Frage beantwortet und es zum Weiterdenken angeregt, speichert es die neuen Erkenntnisse an bevorzugter Stelle im Gehirn ab. Bevorzugt heißt in diesem Zusammenhang: schnell zugänglich und durch unterschiedlichste Anregungen erneut abrufbar, um sich als „Andockstelle" für wieder Neues anzubieten.

Soziale Unterstützung ermöglicht Resilienz

Wenigstens eine liebevoll zugewandte und verlässliche Bindungsperson, ob innerhalb oder außerhalb der Familie, sollte jedem Kind während seiner Kindheitsjahre zur Seite stehen. Diese soziale Unterstützung ist besonders für Kinder wichtig, die viel mitmachen müssen: Eine instabile Gesundheit, Verlust wichtiger Familienmitglieder, Kriegswirren oder Armut. Warum sind manche Kinder besonders widerstandsfähig und lassen sich trotz allem nicht unterkriegen, was lässt sie mit Belastungen erfolgreicher umgehen als andere Kinder? Die Resilienzforschung untersucht, ob für diese besonders gelungene Bewältigung von Hürden die genetische Ausstattung, die Persönlichkeit eines Kindes, seine Bezugspersonen oder sein Lebensumfeld verantwortlich sind.

Eines ist heute schon klar: Resilient wird man nicht von alleine. Resilienz ist das Ergebnis eines Prozesses zwischen dem Kind und seinen Bezugspersonen. Robustheit, Energie, ein hohes Maß an Aktivität sowie ein sozial verbindliches Wesen sind gute persönliche Voraussetzungen für Widerstandsfähigkeit. Resilienz zeigt sich in Verhaltensweisen, die sehr viel psychische Sicherheit brauchen, wie Durchhalten, Verantwortung übernehmen, sich selbst behaupten, Humor beweisen, Probleme lösen, Herausforderungen annehmen und den eigenen Erfolg spüren. Es braucht sehr viel psychischen Rückhalt, damit ein Mensch realistisch planen und handeln kann und die dazu erforderliche Motivation, Ausdauer und Weitsicht entwickelt. „Er ist nach allem, was wir wissen, wohl so konstruiert, dass er viele Jahre lang in psychischer Sicherheit von älteren und weiseren Gehirnen lernen muss“ (Grossmann 2003). Resilienz entsteht auch durch resiliente Vorbilder, durch deren Umgang mit Schwierigkeiten und Misserfolg. Der Glaube an sich selbst kommt nicht von allein. Entwicklungsbegleiter müssen zugewandt, einfühlsam und zuverlässig verfügbar sein, sie sollten Achtung und Liebe spüren lassen, damit ein Kind an sich zu glauben beginnt.

II. Das erste Lebensjahr

Die moderne Säuglingsforschung hat gezeigt, dass Neugeborene sehr viel kompetenter sind als ursprünglich angenommen. Von Anfang an sind sie mit einem umfassenden Verhaltensrepertoire zum sozialen Austausch und einer enormen Lernkapazität ausgestattet. Damit sich diese Anlagen entfalten können, benötigen sie jedoch eine sichere Bindung: anfänglich die zur Hauptbezugsperson, später entwickeln sich Bindungen auch zu anderen Mitgliedern der Familie oder Sozialgruppe. Im so genannten Fremdelalter, das zwischen 6 und 8 Monaten liegt, werden diese Bindungen bestätigt. Babys lernen in dieser Phase zwischen bekannten und fremden Personen zu unterscheiden. Zunehmend differenzieren sich ihre Wahrnehmungen. Sie erforschen ihren eigenen Körper, Spielgegenstände und Alltagsgegenstände mit allen Sinnen, im so genannten sensumotorischen Spiel. Neueste Erkenntnisse der Säuglingsforschung zeigen im Gegensatz zu früheren Annahmen, dass Kinder bereits im vorsprachlichen Alter in Kategorien denken, erste Ordnungsstrukturen aufbauen und Gegenstände von Lebewesen unterscheiden können. Parallel dazu entwickeln sich die Sprache und die motorischen Fertigkeiten – in komplexen Aneignungs- und Erfahrungsprozessen, die belegen, wie viele Fähigkeiten Babys heute zu einem sehr frühen Entwicklungszeitpunkt zugestanden werden.

Säuglingskompetenzen und intuitives Elternverhalten

Eltern und Säuglinge sind von Natur aus bestens ausgestattet, um miteinander vertraut zu werden. Die „Babywatcher", Forscher, die durch pfiffige Experimente und Beobachtungen das Verhalten des Neugeborenen erschließen, haben im Säugling einen beeindruckenden Interaktionspartner entdeckt. Der Säugling ist mit einem reichen Verhaltensrepertoire zum sozialen Austausch sowie mit einer fast grenzenlosen Lernkapazität ausgestattet – vorausgesetzt, die „Umwelt" bietet die für einen Erfahrungsgewinn nötigen Sinneseindrücke liebevoll zugewandt und angemessen.

Ein neugeborenes Kind versucht von Anfang an, mit den Bezugspersonen in Kontakt zu kommen. So kann zwar ein wenige Tage alter Säugling seinen Kopf noch nicht selbst halten; setzt man sich aber hin und bringt ihn vor dem eigenen Körper in eine aufrechtere Position – wobei der Rücken und vor allem der Kopf sicher gestützt sein müssen –, so reagiert er bereits mit Bewegungen und einer gesteigerten Aufmerksamkeit, die andernfalls erst Monate später zu beobachten sind. Wird ein Kind von Elternseite passend unterstützt, interagiert es also schon ganz früh. Es ist immer wieder überraschend zu beobachten, wie selbst die Mütter aktiv Blickkontakt mit ihrem Kind herstellen und ihr Gesicht immer wieder zentral in das Blickfeld des Kindes bringen, die davon überzeugt sind, dass ihr Säugling sie visuell noch nicht wahrnehmen kann. Trotzdem achten sie auf eine „face-to-face"-Position der Gesichter, womit sie unwissentlich der Vorliebe des Säuglings für senkrechte und symmetrische Bilder entsprechen.

Mit allen Sinnen

Mit allen Sinnen begibt sich das Kind auf die Suche nach Kontakt mit den Menschen, die ihm beständig zugewandt sind. Alle Sinnessysteme sind nach der Geburt grundsätzlich funktionsfähig, müssen jedoch noch in den folgenden Lebensmonaten reifen und sich vervollkommnen. Bereits sehr früh ist der Säugling in der Lage, aufgenommene Sinnesinformationen unterschiedlicher Herkunft zusammenzuführen, zu ordnen und zu strukturieren. Ein Beispiel für diese Fähigkeit zur *sensorischen Integration* ist das Suchen einer Geräuschquelle mit den Augen.

In welchem Maß Kinder bereits von Geburt an über Tiefenwahrnehmung verfügen, ist noch nicht definitiv geklärt. Einige Komponenten der Tiefenwahrnehmung scheinen bereits angeboren zu sein. Mit einem Monat nutzen Säuglinge Bewegungsreize zum 3-D-Sehen, mit drei bis vier Monaten verarbeiten sie dafür binokulare Hinweisreize, mit sechs Monaten Informationen aus ruhenden Bildern. Die Sehschärfe ist nach der Geburt schwach, verbessert sich aber schnell innerhalb der ersten sechs Monate. Feine Details und schwache Kontraste können zwei bis drei Monate alte Babys noch nicht wahrnehmen. Lange Zeit wurde Säuglingen die Fähigkeit zur Form- und Objektwahrnehmung abgesprochen. Neue, differenzierte Forschungsmethoden konnten zeigen, dass Säuglinge spätestens mit drei Monaten, vielleicht auch schon früher, Formen, Farben und kontrastreiche Muster visuell wahrnehmen. Mit größter Begeisterung und messbarer Aufmerksamkeitssteigerung reagieren sie auf Gesichter: auf zwei Augen, die sich bewegen, auf einen Mund, der lächelt und spricht. Am deutlichsten sehen Säuglinge Dinge, die etwa 22 bis 25 cm von ihnen entfernt sind. In diesen Abstand bringen Erwachsene automatisch das Gesicht, wenn sie einen Säugling ansprechen und mit ihm lachen wollen.

Neugeborene hören am besten im Frequenzbereich der menschlichen Stimme. Aus vielen Geräuschen filtern sie das für sie Wesentliche, nämlich Stimmen, heraus und werden besonders aufmerksam, wenn es die Stimme der Mutter ist, die sie bereits aus dem Mutterleib kennen. Erwachsene machen ihnen das Zuhören intuitiv leichter, indem sie im so genannten Babytalk mit ihnen reden: In kurzen Sätzen, auffällig betont, mit häufigen Wiederholungen und leicht angehobener Stimmlage. Säuglinge erkennen nach wenigen Tagen ihre Mutter am Geruch. Sie schnuppern nach dem Brust-Geruch, wenn sie Hunger haben. Sie bevorzugen den Hals-Schulter-Geruch, wenn sie satt und müde sind und noch ein wenig schmusen wollen, um dann in senkrechter, den Magen entlastender Position einschlafen zu können. Auch ihr Tastsinn arbeitet schon differenziert. Bei Berührungen nehmen sie wahr, ob die Hautpartie ihnen vertraut oder fremd ist und reagieren dann entsprechend unterschiedlich.

Mit Körperbau und Verhaltensausstattung ist der Säugling darauf vorbereitet, viel getragen zu werden, also möglichst oft in engem Körperkontakt mit seiner Mutter oder seinem Vater zu sein. Der Säugling ist ein Tragling. Sein Bedürfnis nach Getragenwerden signalisiert er bereits eindeutig, indem er auf dem Rücken liegend die Oberschenkel spreizt und die Unterschenkel anhockt. In dieser Haltung aufgenommen, passt er genau seitlich auf die Hüfte von Mutter oder Vater, stabilisiert diesen Sitz aktiv mit und wird allein durch die aufrechte Körperhaltung wahrnehmungsbereiter für die eintreffenden Umgebungsreize (Kirkilionis 1999).

Eltern-Kind-Interaktion

Der Säugling lernt seine Eltern bzw. die Personen, die bei ihm Elternfunktion übernehmen, durch unzählige Sinneserfahrungen, die sich von den Begegnungen mit der übrigen Umwelt unterscheiden, genau kennen. Eine einfühlsame und zuverlässige Versorgung vermittelt ihm die Sicherheit, dass seine Äußerungen des Wohlbefindens und ebenso des Unbehagens prompt aufgegriffen und richtig interpretiert werden, und dass man seine Bedürfnisse vorhersehbar befriedigt. Zuverlässigkeit lässt ihn seine Welt strukturieren und Geborgenheit aufkommen. Eine gelungene Interaktion zwischen Eltern und Säugling ist dadurch gekennzeichnet, dass die elterlichen Verhaltensweisen zeitlich auf die des Säuglings bezogen sind, zuverlässig und mit hohem Wiedererkennungswert erfolgen sowie auf den Entwicklungsstand des Kindes und sein momentanes Befinden abgestimmt sind (Bensel 2003).

Im Normalfall stößt ein Kind bei seinen Dialogversuchen auf die passende Resonanz seitens seiner Eltern. Mikroanalysen zeigen, dass ein Drittel aller Interaktionen zwischen Mutter und Kind sofort optimal koordiniert ablaufen. 70 Prozent aller nicht sofort passenden Interaktionen, also Missverständnisse, werden innerhalb von zwei Sekunden bemerkt und „repariert“. Bereits mit wenigen Wochen kann ein Säugling auf diese Weise eine Verbindung zwischen seinem Verhalten und den spannungsmildernden, beruhigenden Verhaltensweisen der Bezugspersonen feststellen. Es ist für Selbstwirksamkeitsgefühle wichtig, Spannungs- und Interaktionsregulierung als erfolgreiches Ergebnis eigener Bemühungen wahrzunehmen.

Die Bindung an die Hauptbezugspersonen

Bindung ist existenziell für die gesunde psychische und soziale Entwicklung eines Menschen. Ein Säugling bindet sich automatisch an die Personen, die sich hauptsächlich mit ihm beschäftigen. Der Aufbau der primären Bindung beginnt in den ersten Lebensmonaten und dauert etwa bis zum Ende des zweiten Lebensjahres. Eine Bindung kann zu mehreren Personen entstehen. Früher war nur von der Mutter-Kind-Bindung die Rede, heute lässt der Wissensstand den Begriff Eltern-Kind-Bindung passender erscheinen. Denn heute nehmen sehr viele Väter mit ihrem Kind schon von dessen Geburt an engen Kontakt auf und sind an seiner Pflege aktiv beteiligt. Der Säugling ist für Sozialkontakte offener als ursprünglich vermutet. Außer der Bindung an die Hauptbezugsperson, auch heute noch meist die Mutter, entwickeln Kinder nach und nach individualisierte Bindungen in abgestufter Intensität auch zu anderen Mitgliedern der Familie oder Sozialgruppe, in der sie aufwachsen. Kinder wählen unter den Beziehungsangeboten aus, um unterschiedlich gestaltete, auch unterschiedlich enge Beziehungen einzugehen.

Diese Bindungen können der Bewältigung unterschiedlicher Entwicklungsaufgaben dienen: So dient die Mutterbindung eher der Sicherheit, die Vaterbindung mehr der Exploration, die Beziehung zur Erzieherin dem Vertrauen in weitere Sozialangebote. Wichtig sind Zuverlässigkeit und Kontinuität bei liebevoller Pflege. Zwischen Bezugspersonen und Kind muss die Gelegenheit zu regelmäßiger Zwiesprache gegeben sein. Denn nur bei Kontinuität in der erzieherischen Betreuung und im gegenseitigen Dialog entsteht eine sichere Bindung. Dieses Gefühl der Geborgenheit verinnerlicht ein Kind im Laufe seiner Entwicklung. Es versetzt das Kind in die Lage, die sichere Umgebung der ihm vertrauten Personen immer öfter und länger zu verlassen, um seine eigene Welt dort draußen zu entdecken. Die Bindungsforschung vergrößerte unser Verständnis für die entwicklungsstabilisierende Bedeutung einer zuverlässig verfügbaren, zugewandten sowie feinfühlig und liebevoll agierenden Bezugsperson für ein Kind. Ein Kind erwartet von Natur aus Sicherheit, Beziehungsangebote und Entwicklungsanreize. Diese natürlichen Voraussetzungen gilt es aufzugreifen (Kirkilionis 2008).

Bindungsmuster

Sich an mindestens eine Person zu binden, ist eine biologische Vorgabe in der kindlichen Entwicklung. Ob sich jedoch eine stabile, sichere Bindung entwickelt oder die Bindung des Kindes an die Bezugsperson von Unsicherheit und Verlustangst geprägt ist und nur durch speziell angepasste Verhaltensstrategien erträglich wird, hängt von der Gestaltung dieses vielschichtigen Beziehungsaufbaus ab. Die Bindungsqualität wird weitgehend von der Feinfühligkeit und emotionalen Verfügbarkeit der Eltern bestimmt, an die – je nach Temperament des Kindes und familiärer Lebenssituation – unterschiedlich hohe Anforderungen gestellt wer-

den. Die Qualität einer Bindung zeigt sich am Vertrauen des Kindes in die Zuwendung und Beruhigungsfähigkeit der Bindungsperson beim Umgang mit Belastungen. Mit verschiedenen Bezugspersonen kann ein Kind verschiedene Bindungsqualitäten erleben. Diese Bindungserfahrungen bestimmen sein Verhalten (siehe Tab. 2, Seite 40–41).

Die tragfähigen Interaktionserfahrungen sicher gebundener Kinder lassen ein positives inneres Bild von sich selbst sowie positive Vorstellungen über und positive Erwartungen an die Bezugspersonen und deren Auswirkungen auf die eigene Person zu. Diese Kinder können ihre Gefühle offen zeigen, auch in Situationen emotionaler Belastung. Ohne Angst spielen sie unbefangen und explorieren spontan ihre Umgebung. Unter Belastung, wenn die eigenen Ressourcen erschöpft und sie innerlich verunsichert sind, wenden sie sich vertrauensvoll an ihre Bezugsperson, weil sie erfahren haben, dass diese sie unterstützen und trösten wird. Sie sind fähig, ihre missliche Lage mitzuteilen und Zuwendung anzunehmen, was ihre Anspannung abbaut. Sie protestieren im zweiten Lebensjahr lautstark gegen die Trennung und lassen sich erst von der zurückkehrenden Mutter beruhigen, dies jedoch schnell und effektiv.

Bindungstyp	Fürsorgeverhalten der Eltern	(Bindungs-)Verhalten des Kindes (speziell im 2. Lebensjahr)	inneres Arbeitsmodell des Kindes
sicher	Feinfühlige Wahrnehmung und prompte und angemessene Reaktion auf die kindlichen Bedürfnisse. Die Bezugsperson ist emotional und körperlich zugänglich und zeigt Freude in der Interaktion mit dem Kind.	Direkte und offene Kommunikation mit den Eltern. Zeigt Trennungsprotest, aber keinen physiologischer Stress (Kortisol normal) bei Trennung. Stoppt bzw. reduziert Spiel in Elternabwesenheit. Lässt sich nach Wiederkehr der Eltern schnell beruhigen. Nutzt Eltern als sichere Basis und exploriert viel (Balance zwischen Nähe und Exploration).	■ Ich kann anderen vertrauen und mich auf sie verlassen. ■ Ich bin liebenswert, tüchtig, wichtig und wertvoll. ■ Meine Welt ist sicher.
unsicher-vermeidend	Bezugsperson ist nicht responsiv, unansprechbar, unfeinfühlig und (körperlich) zurückweisend gegenüber dem Kind.	Wenig, eingeschränkte Kommunikation und Zugang zu Gefühlen. Scheinbar gleichgültig bei Trennung von Eltern, innerlich stark gestresst (Kortisol erhöht). Spielt weiter, aber ohne Qualität und Konzentration. Bei Rückkehr der Eltern eher Abwendung statt Beruhigungssuche.	■ Andere Menschen sind unerreichbar und abweisend. ■ Ich muss mich schützen. ■ Wenn ich meine Bedürfnisse verleugne, werde ich nicht zurückgewiesen. ■ Wenn ich tue, was man von mir erwartet, werde ich nicht zurückgewiesen. ■ Wenn ich mich um andere kümmere und meine eigenen Wünsche verleugne, werde ich geliebt.

Bindungstyp	Fürsorgeverhalten der Eltern	(Bindungs-)Verhalten des Kindes (speziell im 2. Lebensjahr)	inneres Arbeitsmodell des Kindes
unsicher-ambivalent	Inkonsistenter und unvorhersagbarer Umgang mit den kindlichen Bedürfnissen und Äußerungen. Elterliche Bedürfnisse dominieren, Übergriffigkeit.	Übersteigerter Gefühlsausdruck, wirkt ärgerlich und angespannt. Klammert bei den Eltern und wirkt ängstlich. Zeigt starken Trennungsprotest und Stress bei Trennung. Spielt nicht weiter. Lässt sich schwer nach der Rückkehr beruhigen, zeigt Mischung von Nähe suchen und Verärgerung, findet nicht ins Spiel zurück.	• Andere reagieren unvorhersagbar, manchmal liebevoll und schützend, manchmal feindlich und zurückweisend. • Ich weiß nicht, was ich zu erwarten habe – Ich bin ängstlich und ärgerlich. • Ich kann nicht erkunden – Ich könnte eine Gelegenheit der Zuneigung und Liebesbezeugung verpassen. • Wenn ich andere richtig einschätze und sie zu einer Reaktion veranlassen kann, werden meine Bedürfnisse befriedigt.
desorganisiert	Ängstigender Umgang mit dem Kind, bis hin zu Misshandlung, Missbrauch oder Vernachlässigung. Elternteil selbst traumatisiert und geängstigt beim Umgang mit dem Kind.	Unklare, widersprüchliche Mimik und Verhalten (Nähesuchen gepaart mit gleichzeitigem Wegsehen), teilweise durch Bezugsperson geängstigt. Bei Weggang der Eltern ständiges Unterbrechen des Verhaltens durch widersprüchliche Verhaltensweisen mit stereotypen Bewegungsmustern oder Einfrieren der Bewegungen. Exploration beeinträchtigt. Nach Rückkehr der Eltern starke Vermeidung, Ambivalenz oder Widerstand. Nutzt Eltern nicht als sichere Basis. Als älteres, stark kontrollierendes Kind findet eine Rollenumkehr zwischen Kind und Erwachsenem statt.	• Meine Bezugsperson scheint manchmal überwältigt von mir zu sein und manchmal sehr ärgerlich. • Andere Menschen sind vernachlässigend oder körperlich, emotional oder sexuell missbrauchend. • Ich bin nicht fähig, meine Bedürfnisse befriedigt zu bekommen. Ich weiß nicht, wie ich mich schützen kann.

Tab. 2: Bindungstypen bei Kindern (angelehnt an Suess u. a. 2001 und Petermann u. a. 2004).

Unsicher gebundene Kinder

Bindungsunsicherheit kann sich auf unterschiedliche Weise äußern, je nach Art der Erfahrung, die Kinder während des ersten Lebensjahres mit ihrer Bindungsperson gemacht haben. Unsicher gebundenen Kindern fehlt das Vertrauen, in Zeiten der Bedürftigkeit von der Bindungsperson angemessene und beruhigende Hilfe zu bekommen. Ihr Verhalten stellt eine erlernte Strategie dar, dennoch den Erwartungen der Bindungsperson zu entsprechen und mit deren Reaktionen umgehen zu können.

Von einer *unsicher-vermeidenden Bindung* spricht man, wenn Kinder ihre Gefühle in einer stressigen Trennungs-Testsituation nicht zeigen und auch bei Rückkehr der Bindungsperson deren Nähe erst gar nicht suchen, um weitere Enttäuschungen zu vermeiden. Sie haben die Bindungsperson bereits oft als nicht unterstützend erlebt und sich selbst in Not zurückgewiesen gefühlt. Sie wirken desinteressiert am Geschehen und vermeiden eher den Kontakt; stattdessen spielen sie demonstrativ allein und wirken betont unbelastet. Dass diese Kinder dennoch stark belastet sind und damit allein gelassen werden, zeigt der hohe Anstieg all der physiologischen Werte, die körperliche Anspannung und Stress signalisieren (vgl. Spangler & Grossmann 1993). Unzner (1999) sieht darin eine Verhaltensanpassung von Kindern an eine Bezugsperson, die wenig feinfühlig auf ihre Gefühls- und Bedürfnisäußerungen reagiert, sich in für das Kind unangenehmen Situationen eher zurückzieht und seine Annäherungsversuche tadelt. Das Kind hat kaum Körperkontakt erfahren oder diesen als unerfreulich und wenig befriedigend erlebt. Ein negatives Selbstwertgefühl und unterdrückte Gefühle können die Folge sein.

Eine *unsicher-ambivalente Bindung* zeigt sich in einem auffällig übertriebenen, oft widersprüchlichen Verhalten der Kleinstkinder während und nach der Trennung. Aus Angst, ihre Bindungsperson zu verlieren, lassen sie diese kaum aus den Augen und reagieren mit intensivem, lautstarkem Bindungsverhalten auf die Trennung; sie schreien, weinen und klammern sich an die Bindungsperson. Kommt diese nach der kurzen Trennungsphase zurück, gelingt es ihr trotz Bemühungen oft nicht, das Kind wirkungsvoll zu beruhigen. Deutlicher Ärger über die Bindungsperson sowie Widerstand gegen zu viel Nähe erschweren eine Tröstung. Kinder, die nicht einschätzen können, ob und wann die Bindungsperson feinfühlig reagieren und verlässlich zur Stelle sein wird, zeigen in Belastungssituationen diese Verhaltensstrategie. Es ist zu vermuten, dass sie zu oft erlebt haben, dass ihre Bindungsperson unvorhersehbar und auch widersprüchlich reagiert. Mal werden die kindlichen Wünsche nach Nähe und Trost erfüllt, mal nicht wahrgenommen und mal sogar bestraft. Die Unberechenbarkeit ihrer Erfahrungswelt lässt die Kinder schnell verzweifeln und ausrasten. Das schnell aktivierte, starke Bindungsverhalten lässt kein entspanntes Spielen und Explorieren zu. Unsicher-ambivalent gebundene Kinder erleben eine starke Abhängigkeit von der Bindungsperson und wenig erfolgreiche Selbstständigkeit.

Bindungsunsicherheit wird auch bei den so genannten *desorganisiert gebundenen Kindern* als Ursache ihres höchst widersprüchlichen und kaum zu interpretierenden Verhaltens unter Belastung vermutet. Die Kinder zeigen bizarre Verhaltenswechsel wie plötzliches Erstarren oder Grimassieren, auch in Anwesenheit ihrer Eltern. Ein offenbar ständig vorhandener innerer Konflikt zwischen Kontaktwunsch und Angst vor der Bezugsperson lässt sie deren Nähe suchen, während der Blick gleichzeitig in eine ganz andere Richtung geht. Ihre Explorationsfähigkeit ist stark eingeschränkt, da sie ihre Bezugsperson nicht als sichere Basis nutzen können. Viele der so klassifizierten Kinder hatten bereits leidvolle Vernachlässigungs- und Missbrauchserfahrungen hinter sich. Allerdings zeigen einige der desorganisiert gebundenen Kinder bereits als Neugeborene auffällige Schwierigkeiten, sich selbst zu regulieren, und scheinen somit einen eigenen Beitrag zu diesem schwierigen Bindungstyp zu leisten.

Das Fremdeln

Wenn Kinder zwischen sechs und acht Monate alt sind, kommen sie ins so genannte Fremdelalter. Dann reagieren sie bekanntermaßen mit zum Teil vehementer Abwehr auf Fremde. Nicht nur übermäßig ängstliche Kinder oder Kinder, die bereits schlechte Erfahrungen mit Fremden gemacht haben, verhalten sich so. Jetzt wird nicht mehr jedes sich freundlich nähernde Gesicht angelächelt.

Auf die Entwicklungsstufe des individuellen Erkennens reagieren Kinder, wenn auch unterschiedlich stark, abhängig vom eigenen Temperament und der „Schüchternheit" ihrer Hauptbezugspersonen. Bis vor wenigen Jahren ging man davon aus, dass die Kleinkinder überhaupt erst in dieser Phase lernen, zwischen „bekannt = vertraut" und „fremd = nicht vertraut" zu differenzieren. Eine von japanischen Psychologen veröffentlichte Untersuchung konnte jedoch nachweisen, dass bereits ab dem zweiten Lebensmonat fast alle Kinder Stressanzeichen in Form von Temperaturverringerung ihrer Stirnhaut aufweisen, wenn ihre Mutter bzw. ihre wichtigste Bezugsperson den Raum verlässt und eine fremde Person hereinkommt. Offenbar entsteht nicht erst im Fremdelalter das Vermögen, vertraute und fremde Personen voneinander zu unterscheiden. Aber erst zu dieser Zeit können die Kinder ihren Missmut, wenn nicht sogar ihre Angst, auf unmissverständliche Weise zu erkennen geben.

Frühe Autonomie – ein Entwicklungsziel?

In den USA, aber auch in den Niederlanden füttern Eltern ihr Kind nach Plan, ja sie kommunizieren, spielen und schmusen sogar „nach der Uhr", um ihm zu erlernende Strukturen vorzugeben. Diese wiederum sollen seine möglichst frühe Selbstständigkeit erleichtern und somit das Risiko für zu viel Abhängigkeit verringern. Mittels dieses Erziehungsplans soll das Kind in die Lage versetzt werden, sich vergleichsweise früh allein beruhigen und beschäftigen zu können, sich allein anzuziehen, selbstständig zu essen, sich problemlos zeitweilig von den Eltern zu trennen und mit anderen Kontakt aufzunehmen, die ihm neue Anreize bieten. Frühe Selbstständigkeit macht sicher, ist die Idee.

Entwicklungswissenschaftler bevorzugen dagegen *Attachment Parenting*, einen Ansatz, der auf völlig anderem Wege das Ziel kindlicher Selbstständigkeit ansteuert. Die wichtigsten Ideen hierzu basieren auf der Bindungstheorie. Das Förderungsmodell geht von einem bewusst aufeinander abgestimmten, kontaktintensiven Beziehungsaufbau zwischen Kind und Eltern aus, der langsam in die vom Kind selbst initiierte Selbstständigkeit überwechselt. Der Lebensstart ist durch viel Nähe, wenige Trennungen, langes Stillen nach Bedarf, Tragen, gemeinsames Schlafen, kurze Beruhigungslatenz, emotionale Ansprechbarkeit und eine zugewandte, liebevolle Erziehung geprägt. Nicht das unabhängige

Kind wird angestrebt, sondern das Kind, das die Bedeutung von Gemeinsamkeit erlebt, die Kraft der Interaktion und des Dialogs kennt und deshalb gegenseitige Abhängigkeit (Interdependenz) zu schätzen weiß. Über eine gute Bindung zu verfügen und mit körperlicher Nähe und Aufmerksamkeit verwöhnt zu werden, ist eine Erlebnissituation, die nicht als einschränkende Abhängigkeit verstanden, sondern genossen und als gestaltbarer Freiraum gesehen wird, der erst Aktivwerden und „Autonomie in Verbundenheit" möglich macht.

„Gemeinsame Aufmerksamkeit"

Michael Tomasello (2002) und seinen Mitarbeitern gelang der Beweis, dass mit neun Monaten ein besonderer Schritt im Entwicklungsgeschehen stattfindet. Während bis zum neunten Lebensmonat die Feinfühligkeit der Bezugsperson, ihre Sensibilität bei der Wahrnehmung, Spiegelung und sprachlichen Wiedergabe kindlicher Emotionen für den Entwicklungsfortgang ausschlaggebend ist, beginnt zwischen dem neunten und zwölften Lebensmonat ein völlig neuartiges Geschehen. Jetzt reichen dem Kind die angebotenen Informationen nicht mehr; es verlangt „gemeinsame Aufmerksamkeit" (*joint attention*) und fragt Interessierendes durch Blicken und Deuten nach, immer bei seinen vertrauten Bezugspersonen. Bis hin zur neurophysiologischen Ebene ist nun nachweisbar, dass im Entwicklungsgeschehen keine Trennung zwischen Emotion und Kognition stattfindet. Das Kind startet aktiv und vorsätzlich eine emotionale Informationsabfrage und -verarbeitung. Dies ist der vom Kind initiierte Beginn, kulturelle Fähigkeiten zu übernehmen, indem es

- sein Verhalten nun bewusst am Verhalten eines anderen Menschen ausrichtet,
- mit seinem Blick der Blickrichtung oder dem Fingerzeig eines anderen Menschen folgt,
- die Aktionen anderer Menschen mit Objekten nachahmt,
- auf erwünschte Objekte oder interessierende Aktivitäten zeigt.

Wahrnehmen und Spielen

Die erste Form des kindlichen Spiels zeigt sich in der lustvollen Erprobung der eigenen körperlichen Fähigkeiten und dem Erforschen von Gegenständen hinsichtlich ihrer Eigenschaften und Funktionen – alles vor dem Hintergrund der rapide zunehmenden Wahrnehmungsdifferenzierung. Diese Form des Spiels wird als *sensumotorisches Spiel,* bisweilen auch als *Funktionsspiel* bezeichnet. Der Säugling untersucht dabei seine Finger und Hände und bezieht allmählich den ganzen Körper in das Spielgeschehen mit ein. Mit der Entwicklung des Greifens können immer mehr Gegenstände zum Spielen verwendet werden. Das Baby greift nach einer Rassel, schüttelt sie, schlägt mit ihr auf eine Unterlage und saugt an ihr. Bald zieht es an Gegenständen, stößt sie an, wirft sie und schlägt sie gegeneinander. Alltagsgegenstände, wie z. B. eine Tasse, regen zwischen dem 9. und 13. Lebensmonat zum Spielen an.

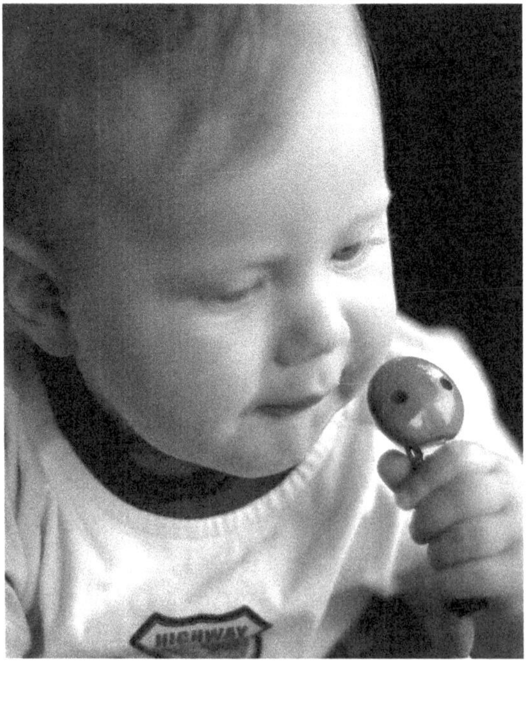

Zunehmende Wahrnehmungskompetenz

Dreidimensionale Objekte können von Säuglingen, schon bevor sie gezielt greifen oder sich fortbewegen können, in Grundzügen wahrgenommen werden. Natürlich wird die Wahrnehmung im Entwicklungsverlauf immer besser. Im Alter von drei Monaten werden Gegenstände als voneinander getrennt wahrgenommen, wenn zwischen ihnen ein erkennbarer Abstand besteht. Wenn sie sich berühren, klappt das noch nicht. Doch bald darauf werden Objektgrenzen durch Abtasten der Oberflächen aktiv erkundet und dann auch visuell wahrgenommen (*intermodale Wahrnehmung*). Anders als von Piaget vermutet, nehmen Säuglinge ein Objekt, z. B. eine Rassel, nicht einmal als Seh-Ding, einmal als Tast-Ding oder als Hör-Ding wahr, je nachdem, über welchen Kanal die Information aufgenommen wurde, sondern als ein und denselben Gegenstand. Sie können die über unterschiedliche Wahrnehmungsorgane aufgenommenen Informationen über ein Objekt verknüpfen und als zusammengehörig abspeichern, also einen zunächst nur mit der Hand oder dem Mund ertasteten Gegenstand anschließend visuell wieder erkennen.

Die zunehmende Wahrnehmungskompetenz von Säuglingen zeigt sich besonders deutlich im Bereich der *Auge-Hand-Koordination*, bei der auch wieder intermodale Informationsverarbeitung eine wichtige Rolle spielt. Das heißt, visuelle Informationen werden zur Steuerung von Arm-, Hand- oder Fingerbewegungen herangezogen. Die spontan anmutenden Armbewegungen von Neugeborenen sind nicht völlig ziellos, sondern hängen von deren Blickrichtung ab. Neugeborene versuchen, ihre Hand immer im Blickfeld zu behalten. Anfänglich sind ihre Armbewegungen allerdings noch sehr grob und die Hand trifft das Zielobjekt nur selten. Zugepackt wird noch gar nicht, denn Beugen und Strecken des Arms gehen immer mit einem Beugen und Strecken der Finger einher. Erst im Alter von vier oder fünf Monaten gelingt es Säuglingen, nach einem Objekt gezielt zu greifen. Aber erst mit acht bis neun Monaten wird die visuelle Komponente des Greifvorgangs bedeutsam, um das Ziel in der Schlussphase der Bewegung präzise ansteuern und unerwartete Veränderungen des Ziels ausgleichen zu können. Sie zeigen jetzt bereits sehr geschickte Fangversuche und öffnen die Hand z. B. in dem Maß, wie es nötig ist, um das zu greifende Objekt genau zu umfassen. Der Höhepunkt der frühen Entwicklung der Handgeschicklichkeit wird im Alter von etwa neun bis zehn Monaten erreicht, wenn die Kinder den so genannten Pinzettengriff zeigen, bei dem sie einen kleinen Gegenstand zuverlässig zwischen den Spitzen von Daumen und Zeigefinger fassen und aufheben können.

Wie lernen Babys?

Die beeindruckenden Säuglingskompetenzen, von denen laufend weitere erkannt werden, erlauben Einblicke in die höchst vielfältigen Lernvorgänge im Säuglingsgehirn (Gopnik u. a. 2001). Das Bedürfnis von kleinen Kindern, Dinge zu benennen oder die Namen von Dingen zu erfahren, zeigt uns beispielsweise, dass wir hier ein basales Merkmal der menschlichen Sprachproduktion vor uns haben. Kinder entwickeln von sich aus das Bedürfnis, ihrem Wissen über Sachverhalte Symbole zuzuordnen und es in dieser Form mitzuteilen. Sie suchen im Miteinander mit ihren Bezugspersonen nach Gelegenheiten, dieses Bedürfnis, wie wahrscheinlich noch viele andere, zu befriedigen.

Zur Entwicklung des Zeitverständnisses

Immer häufiger wird festgestellt, dass viele wissenschaftliche Experimente zur Erfassung eines bestimmten Entwicklungsstandes auf Grund methodischer Probleme diesen oft zu weit nach hinten datierten, da es ihren inadäquaten Untersuchungsdesigns nicht gelang, schon erste Ansätze des Entwicklungsweges „herauszukitzeln“. Bischof-Köhler (2000) beschreibt ein beeindruckendes Beispiel zur Entwicklung des Zeitverständnisses während der kindlichen Entwicklung. In der Tradition von Piaget wurden Experimente durchgeführt, bei denen die Bewegungsdauer von zwei Objekten durch logischen Vergleich zwischen ihren Geschwindigkeiten und den von ihnen zurückgelegten Distanzen erschlossen wurden. Hier wurde das Physikverständnis von Kleinkindern getestet. Mit diesen Experimenten konnte ein anspruchsvolles kognitives Niveau erfasst werden. Diese Versuche geben aber keinen Einblick in das vorhandene unreflektierte, intuitive Zeitverständnis, das offensichtlich viel früher einsetzt. Babys hören zu schreien auf, wenn sie sehen, dass die Mutter die Flasche vorbereitet oder ihre Bluse zum Stillen aufknöpft. Dieser Schreistopp signalisiert ein implizites Verständnis dafür, dass es „jetzt nicht mehr lange dauern kann", bis es zu essen gibt.

Im zweiten Lebensjahr beobachtet man erste Formen von gedanklichen Problemlösungen, bei denen eine Ereignissequenz, in einer bestimmten, eben nicht beliebigen Abfolge auf ein Ziel hin organisiert werden muss. Wenn ein Kind mit Lust auf einen Apfel zur Besteckschublade blickt oder nach einem Messer sucht, muss es begriffen haben, dass man um einen Apfel schneiden zu können, zuerst ein Messer holen muss. Das Verständnis von Kausalzusammenhängen scheint die Basis für das Zeitverständnis zu sein. Die Voraussage eines Ereignisses nach einer vorgegebenen Ursache fällt einem Kind leichter, als die vorangegangene Ursache für eine bereits eingetretene Konsequenz im Nachhinein zu benennen. Das verwundert nicht, da bei der ersten Fragestellung die bereits vielfältig erlebte Reihenfolge „Ursache-Wirkung" erhalten bleibt.

Im vierten Lebensjahr verwenden Kinder Begriffe für Zeitbezüge richtig und wissen, dass es Zeiträume gibt, wobei ihnen mit beobachtbaren Ereignissen oder eigenen Handlungen gefüllte Zeit bewusster wird als „leere" Zeiträume. Erst um den 4. Geburtstag können sich Kinder Zeiträume vorstellen und bei ihrer Handlungsplanung berücksichtigen. Denn das setzt nach heutigem Wissen voraus, dass sie zur Reflexion von Bewusstseinsakten fähig sind, sich also vorstellen können, dass andere Personen eine andere „Perspektive" haben können (Theory of mind), dass Gedankeninhalte nur Annahmen und Meinungen innerhalb des *eigenen* Bezugssystems sind und mit den Bedürfnissen und Absichten anderer in Widerstreit treten können und dass man sich Bedürfnisse vorstellen kann, die man augenblicklich noch gar nicht verspürt (Bischof-Köhler 2000). Zu diesem Zeitpunkt beginnt dann interessanterweise auch das autobiografische Gedächtnis.

Aus der Beobachtung lernen

Nach der Analyse von Kind-Erwachsenen-Interaktionen zweifelt niemand an einem frühen Bedürfnis, aus gemeinsamen Aktionen mit anderen und aus der Beobachtung von Aktionen anderer zu lernen. Handlungen von Eltern oder Geschwistern zu imitieren, bedeutet einen weiteren Erfahrungsschritt nach vorn. Kinder beobachten etwa ab dem siebten bis achten Lebensmonat intensiv die Tätigkeiten Erwachsener und versuchen, Ähnliches zu tun. Um den ersten Geburtstag begleiten die Augen eines Kindes zuerst mütterliche Routinetätigkeiten. Bald darauf kann man sehen, dass die Augen den mütterlichen Handlungen mitunter vorauseilen, das Kind also schon ahnt, wie ihr nächster Schritt aussehen wird. Manche Kinder „durchlaufen" den Gesamtvorgang nochmals allein mit den Augen, sozusagen „zur Probe", bevor sie dann die Handlung selbst ausführen. Bei komplizierten Abläufen hat es ein Kind leichter, wenn die Mutter sein Interesse bemerkt und durch ein Lächeln begrüßt, danach vielleicht einzelne ihrer Tätigkeiten benennt und kommentiert. *Scaffolding*, ein Gerüst bauen, nennt man dieses Anlernen des Kindes, ohne es sofort zum Aktivwerden und Mitmachen zu bewegen. Ist der Zeitpunkt gekommen, zu dem das Kind sich auch dies zutraut, ist ein nächster Entwicklungsschritt getan.

Denkprozesse beim Säugling

Auch wenn Säuglinge vor dem ersten Geburtstag noch nicht sprechen können – denken können sie bereits recht gut. Sechs bis sieben Monate alte Säuglinge bringen schon Ordnung in die Fülle ihrer neuen Eindrücke, indem sie sich an Dinge erinnern und deren Eigenschaften vergleichen. Wie macht dies ein Kind? Die Heidelberger Entwicklungspsychologin Sabina Pauen (2003) konnte mit raffinierten Experimenten zeigen, dass Babys Dinge anhand einzelner Eigenschaften in Kategorien zusammenfassen und so Erfahrungen mit einem Gegenstand auf andere, noch unbekannte Objekte übertragen können. Als wichtige Unterscheidungsmomente haben sich in den Experimenten die beiden Kategorien „belebt" und „unbelebt" erwiesen. Es wird evolutionäre Gründe haben, warum ein Kind auf Lebewesen interessierter und aufmerksamer reagiert als auf leblose Gegenstände. Schon früh in der Stammesgeschichte war die Aufmerksamkeit für Sich-Bewegendes zweifellos eine Anpassungsleistung von hohem Überlebenswert: Denn alles, was sich bewegt, konnte für ein hilfloses Baby entweder Gefahr oder Fürsorge bedeuten. Wahrscheinlich unterstützen angeborene Wahrnehmungsschemata die sichere Unterscheidbarkeit. Alles, was sich bewegt, zieht bereits die Blicke von Neugeborenen magisch an, und mit drei bis vier Monaten schauen Säuglinge dorthin, wo ein bewegliches Objekt gerade ruht, und anschließend dorthin, wo es sich im nächsten Moment wahrscheinlich befinden wird. Zeigt man den Kleinen, wie ein Tier und ein Ball nach dem Umeinanderrollen reglos in unterschiedlichen Ecken liegen, blicken die Babys tatsächlich gespannt auf das Tier, weil sie von ihm erwarten, dass es sich gleich wieder bewegen wird. Das heißt, schon in diesem Alter haben sie also nicht nur die äußeren Eigenschaften, sondern auch das typische Bewegungsverhalten von Lebewesen und unbelebten Gegenständen erfasst. Moderne Forschung widerlegte so Piagets Vorstellung, dass Säuglinge nicht in der Lage sind, Gegenstände von Lebewesen zu unterscheiden. Mit sieben bis neun Monaten können Kinder Tiere von Gegenständen unterscheiden und im Alter von neun bis elf Monaten Tiere von Menschen.

Fähigkeit zur Theoriebildung

Kinder haben eine angeborene Fähigkeit zur Theoriebildung, denn zu allem, was sie wahrnehmen und erfahren, stellen sie eine Theorie auf, die sie im Zuge neuer Erfahrungen abwandeln oder verwerfen, sobald bessere Erklärungsmöglichkeiten eine andere Theorie wahrscheinlicher erscheinen lassen. War der erste Ball klein, weich, rund und bunt, so ist die erste Vorstellung von Ball „klein, weich, rund und bunt". Spielt ein Kind dann mit einem großen, weichen, runden und bunten Ball, ändert sich die Ball-Theorie: Es gibt kleine und große Bälle, aber weich, rund und bunt sind sie alle. Bekommt es den ersten Fußball an den Kopf, lernt es: Bälle können auch hart und zweifarbig sein. Es gibt also kleine, große, weiche, harte, bunte und zweifarbige Bälle – das Einzige, was sicher ist, ist: alle sind rund.

Allein dieses kleine Beispiel zeigt, dass schon Babys und Kleinkinder über hochleistungsfähige Lernmechanismen verfügen, mit deren Hilfe sie ihr Wissen spontan revidieren, umformen und umstrukturieren können. Das kann kein Computer. Kinder sind also dauernd an der Arbeit, am Lernen. In der Interaktion, vor allem im Dialog mit Erwachsenen, lernt ein Kind Struktur, Organisation und Hierarchisierung beim kulturüblichen Denken und Handeln. Es lernt aber auch beim gemeinsamen Tun mit Erwachsenen und mit anderen Kindern die Freude am Arbeiten, an einer Leistung, für die man sich gemeinsam mehr angestrengt hat, als man allein bereit gewesen wäre. In einer heiteren Atmosphäre kommen die kindlichen Lernstrategien am besten zum Tragen. In einer solchen Atmosphäre trauen sich Kinder, Initiative zu ergreifen, etwas auszuprobieren, sich auszudrücken und ihre Meinung zu sagen. Heiterkeit ist ein Merkmal besonders günstiger und belebender Erziehungsumwelten: „Regelhaftes wird aufgezeigt, aber zugleich durchbrochen; Wissensstoff wird mühelos aktiviert und fester ins Gedächtnis eingeschrieben; Aufmerksamkeit, geistige Regsamkeit, mitunter körperliche Geschicklichkeit werden geübt und die Fantasie angeregt; manche Wahrheit lässt sich formulieren, ohne zu verletzen, und all dies wird als Lust, nicht als Last erlebt, darum auch freiwillig angestrebt und von selbst durch innere Kräfte gespeist“ (Hassenstein 2007, S. 81).

Sprachentwicklung

Um Sprachlaute produzieren zu können, muss eine Vielzahl von Muskeln, welche Lippen und Zunge steuern, aktiviert und zeitlich genau koordiniert werden. Im Alter von sechs bis sieben Monaten beginnen Kinder spielerisch alle möglichen Sprachlaute zu üben. Kinder aus verschiedensten Sprachkulturen produzieren in dieser so genannten *Lallphase* dieselben Laute. Das Sprachverarbeitungszentrum ist zu diesem Zeitpunkt schon sehr aktiv. Es filtert aus allem, was das Kind hört, die für die Muttersprache relevanten lautlichen Charakteristika heraus und identifiziert – was übrigens noch kein Computer kann – aus dem ungegliederten Strom der menschlichen Rede sprachliche Einheiten als Wörter. Während das Kind am Anfang der Lallphase noch frei experimentiert, beschränkt es sich gegen Ende des ersten Lebensjahres mehr und mehr auf die Lall-Laute, die in der jeweiligen Muttersprache tatsächlich vorkommen.

Der Säugling hat eine besondere Aufmerksamkeit für das Gesicht der Mutter. Es vermittelt ihm Emotionen, die mit Sprachlauten verbunden sind; mütterliche Mimik und akustische Wahrnehmungen bereiten den Säugling auf den Spracherwerb vor. Dagegen kann beispielsweise ein

Fernsehsprecher, und spricht er noch so perfekt, einen Säugling nicht auf das Sprechen vorbereiten. Das Kind beachtet ihn gar nicht. Erst eine gemeinsame Gefühlsbeziehung veranlasst den Säugling, auf den Sprechenden zu achten.

Motorische Entwicklung

Anfangs liegt das Kind auf dem Bauch oder auf dem Rücken. Der Kopf liegt jeweils seitlich. Das Kind hebt ihn zunächst nur so weit, dass es ihn auf die andere Seite legen kann. Etwa mit drei Monaten kann das Kind den Kopf so weit anheben, dass es sich in Bauchlage umschauen kann. Meist stützt es sich dabei auf die Ellbogen oder Hände. In diesem Alter hält es in Rückenlage den Kopf schon in der Körpermitte, hat seine Arme gebeugt und lernt das, was in sein Gesichtsfeld kommt, kennen. Gleichzeitig beginnen die ersten Greifversuche, in die schnell die Füße einbezogen werden.

Die selbstständige Bewegungsentwicklung beginnt zwischen dem fünften und siebten Monat, indem die Kinder sich zur Seite drehen, dann meist vom Bauch auf den Rücken und schließlich zurück auf den Bauch. Bald bildet sich ein breites Spektrum motorischer Möglichkeiten aus: Wälzen, Robben, Wippen, Kriechen auf dem Bauch bis hin zum Krabbeln auf Knien und Händen (Bären- oder Vierfüßlergang mit zehn bis dreizehn Monaten). Etwas später lernt das Kind, sich selbstständig aufzusetzen, sich hochzuziehen und aus dem typischen Kniestand aufzustehen, bis es schließlich im zweiten Lebensjahr frei aufstehen und gehen kann. Zu beachten ist hierbei wiederum, dass die lokomotorische Entwicklung gesunder Kinder ausgesprochen vielfältig ist (Largo 2007, Michaelis 2006). Manche Kinder robben oder kriechen beispielsweise nie, setzen sich dafür aber früh auf und rutschen auf dem Hosenboden vorwärts oder rückwärts, wie es übrigens fast die Hälfte ihrer Väter oder Mütter auch gemacht hat. Hier handelt es sich also um ein vererbtes Bewegungsmuster. Auch für den Zeitpunkt, zu dem das Kind zu laufen beginnt, spielt die Genetik eine wichtige Rolle.

III. Das zweite Lebensjahr

Auch auf Grund seiner Forschritte in der motorischen Entwicklung stehen für das Kind im zweiten Lebensjahr die Erforschung und die Interaktion mit seiner Umwelt im Vordergrund. Es erkundet nun die Welt, indem es Tag für Tag seinen Aktionsradius erweitert – allerdings immer auf der Basis seiner bisherigen Beziehungserfahrungen. Es entdeckt sein eigenes „Ich“, erkennt sich selbst in seinem Spiegelbild – Selbst-Bewusstsein entwickelt sich. Für Kleinstkinder wird es nun zunehmend wichtig, die Kontrolle über Situationen zu haben, hierdurch entwickeln sich erste Kompetenzgefühle. Im Symbolspiel gestaltet das Kind seine Umgebung und Spielgegenstände nach eigenen (Spiel-) Zielen und Wünschen.

Beim Eintritt in die Kinderkrippe kommt es darauf an, einen emotional wenig belastenden Übergang für das Kind zu schaffen. Durch eine behutsam gestaltete Eingewöhnungsphase kann das Gelingen dieses Übergangs gut vorbereitet werden. Im zweiten Lebensjahr entwickelt sich die Bereitschaft eines Kindes, auf die Wünsche Erwachsener einzugehen – „Compliance“.

Die Entdeckung des „Ich"

Das Selbstkonzept oder Selbstbild beschreibt die Gesamtheit des Wissens, das ein Mensch über seine eigene Existenz und die Gefühle, die er sich selbst gegenüber empfindet, hat. Dieses Wissen über uns steht natürlich in Beziehung zu anderen und den Erfahrungen mit ihnen und ist somit ständigen Veränderungen unterworfen. Der erste Schritt auf dem Weg zu einem Selbstkonzept ist die beginnende Erfahrung des Säuglings, dass er getrennt von anderen, z. B. seinen Bezugspersonen, existiert (*existenzielles Selbst*). Dieser zunächst nur intuitive Eindruck vom Selbst entsteht aus Regelmäßigkeiten, die sich aus Interaktionen mit der Umwelt, insbesondere mit seinen Bezugspersonen, ergeben. Aus diesen Regelmäßigkeiten entwickeln sich Repräsentationen. Der Säugling macht die Erfahrung, dass er durch eigenes Handeln Effekte erzeugen kann. Unterschiede zwi-

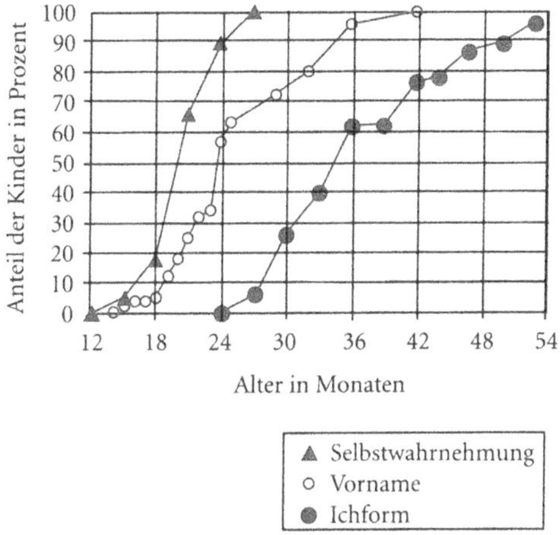

Abb. 3: Entwicklung der Selbstwahrnehmung: Die meisten Kinder erkennen sich in der zweiten Hälfte des 2. Lebensjahres im Spiegel, verwenden dann Ende des 2. Lebensjahres ihren Vornamen und sprechen schließlich in der zweiten Hälfte des 3. Lebensjahres in der Ichform (aus Largo 1999).

schen dem eigenen Selbst und anderen lernt der Säugling in Interaktionen mit einer Bezugsperson, wobei er Mimik und Verhalten der Bezugsperson als wichtigste Quelle für seine Informationen über sich selbst benutzt. Diese ersten Interaktionen werden generalisiert und stellen eine Art Gedächtnisstruktur dar. Erst im zweiten Lebensjahr fühlt sich das Kind auch durch Kategorien wie „Kind" oder „Mädchen" angesprochen (*kategoriales Selbst*). Sobald Kinder Vorstellungen und Wissen über sich selbst besitzen, verfügen sie über Selbstrepräsentation. Ein anderer Aspekt der Selbstrepräsentation ist das innere Arbeitsmodell, das die Repräsentation der Bindung beinhaltet.

Selbstbewusstsein entsteht

Ein Meilenstein in der Entwicklung des kindlichen Selbstkonzeptes ist das Entstehen von Selbstbewusstsein in der Mitte des zweiten Lebensjahres, was nach außen dadurch sichtbar wird, dass die Kinder sich nun im Spiegel selbst erkennen und das Spiegelbild nicht mehr für ein anderes Kind halten.

Jetzt bemerken wir, dass Kleinstkinder erstmals verlegen reagieren, was nur passieren kann, wenn sie sich ihres Tuns, ihrer Wirkung und somit ihrer selbst bewusst sind. Das sich stabilisierende Ich-Bewusstsein bringt das Bedürfnis nach Selbstbestimmung und Autonomie mit sich – für die Zukunft wichtige Prozesse zur Entwicklung des Wollens (siehe Abb. 3, S. 55).

Wenn Kinder im zweiten Lebensjahr zusammen mit Erwachsenen einen Turm bauen, so freuen sie sich über den fertigen Turm, egal, wer die Handlung abgeschlossen, also den letzten Bauklotz daraufgesetzt hat. Dagegen beharren Kinder, die sich bereits selbst erkennen, energisch darauf, unbedingt den letzten Klotz anzubringen. Sie erleben offensichtlich den Abschluss als Erfolg im Sinne von „ich habe das gemacht" (Bischof-Köhler 2000).

Mit etwa zweieinhalb Jahren kann das Kind bereits sehr konkret Merkmale, die es charakterisieren, formulieren. Die Merkmale stehen jedoch noch relativ unverbunden nebeneinander. Diese Merkmale können körperlicher Art sein („Ich habe braune Augen"), Aktivitäten kennzeichnen („Ich fahre gerne Roller"), soziale Beziehungen beschreiben („Ich habe zwei Brüder") oder psychologischer Art sein („Ich bin mutig"). Das Kind beschreibt sich noch unrealistisch positiv. Es kann noch nicht zwischen seinem Wunschbild und seinem Realbild unterscheiden. Kinder können sich schon relativ früh einer Kategorie zuordnen, die sie mit anderen gemeinsam haben. So bilden sie beispielsweise eine Kategorie mit dem Elternteil des gleichen Geschlechts und können auch ihre Aktivitäten danach bewerten. Beispielsweise kann ein Mädchen äußern, dass es das Gleiche tun möchte wie seine Mutter. Bereits im zweiten Lebensjahr suchen Kinder nach positiven Bewertungen für ihre Leistungen. Auch wissen sie, dass ihr Verhalten sich auf das Verhalten anderer auswirkt.

Kognitive Entwicklung

Die kognitive Entwicklungspsychologie wurde maßgeblich von Jean Piaget geprägt. Seine Lehre vom Konstruktivismus, die besagt, dass das Kind seine Welt, sein Denken und Wissen selbst konstruiert und sich dabei die Umwelt aktiv aneignet, ist heute noch so aktuell wie zu seiner Zeit. Einige seiner Entwicklungsvorstellungen sind jedoch mittlerweile korrigiert und durch die moderne Säuglings- und Kindheitsforschung wesentlich differenziert worden. So nahm Piaget an, dass Aufgaben, die alle die gleiche logische Struktur haben, unabhängig davon, welchen Bereich sie betreffen, von Kindern einer bestimmten Entwicklungsstufe alle gleichermaßen gelöst werden können, die Kinder also übergreifende Hypothesen entwickeln, die sie dann auf einzelne Aufgaben, egal aus welchem Bereich, anwenden können. Dies ist aber nicht der Fall. Auch wenn das Lösen bestimmter Aufgaben aus verschiedenen Bereichen die gleiche Logik erfordert, sind Kinder nicht in der Lage, dies zeitgleich für alle Bereiche zu generalisieren. Dieses hypothetisch-deduktive Denken wird sicherlich überschätzt, denn auch Erwachsene benutzen keineswegs immer diese Logik, wenn sie vor Problemen stehen.

Bereichsspezifischer Wissenserwerb

An die Stelle der Theorie der bereichsübergreifenden, starren Entwicklungsstufen, die mit einem bestimmten Alter erreicht werden (Piaget), ist die Theorie des bereichsspezifischen Wissenserwerbs getreten. Viele Experimente, die durchgeführt worden sind, haben gezeigt, dass Kinder in den verschiedensten Entwicklungsbereichen schon sehr früh über ein Teilwissen verfügen, das es ihnen ermöglicht, Aufgaben in viel früherem Alter zu lösen, als dies nach den Aussagen und Experimenten von Piaget möglich ist. Manche Kompetenzen in einigen Bereichen sind sogar angeboren und bereits beim Säugling vorhanden. So betrachten Säuglinge einen Gegenstand länger – man kann ein gewisses Erstaunen unterstellen –, wenn ihnen so genannte unmögliche Ereignisse präsentiert werden, die gegen ihr intuitives physikalisches Wissen sprechen, das bereits beinhaltet, dass Dinge solide sind, eine Ursache vor der Wirkung kommt und Dinge nach unten fallen (Kenntnis der Schwerkraft). Nachdem man die klassischen Experimente von Piaget variierte und differenzierte und zudem den Kindern die Möglichkeit bot, ihr bereichsspezifisches Wissen einzusetzen, mussten viele Altersangaben für bestimmte Leistungen, die Piaget aufgestellt hat, nach unten korrigiert werden.

Das bekannteste Beispiel: Ein Kind, vor dem auf dem Tisch zwei identische Glasgefäße stehen, erhält den Auftrag, eine bunte Perle nach der anderen mit der linken Hand ins linke und – jeweils gleichzeitig – mit der rechten Hand ins rechte Gefäß fallen zu lassen. So werden in beide Gefäße gleich viele Perlen gefüllt. Dann schüttet das Kind die Perlen des einen Gefäßes in ein Glasbehältnis mit kleinerem Durchmesser (schlankes, hohes Glas) und die Perlen des anderen Gefäßes in ein Glasbehältnis mit größerem Durchmesser (breites, niedriges Glas). Daraufhin ist der Perlenpegel im einen Gefäß höher als im anderen. Auf die Frage, ob in einem Gefäß mehr Perlen sind oder in beiden gleich viel, können nach Piagets Beobachtungen erst sechs- bis siebenjährige Kinder richtig antworten. Piaget ging davon aus, dass sich erst in diesem Alter die „Konstanz der Anzahl" (Mengeninvarianz) als unabhängige Denkkategorie ausbildet. Nachfolgeexperimente zeigten jedoch, dass bereits Vierjährige bei entsprechenden Vergleichen schnell stutzig werden und mit Nachdenken zur richtigen Lösung kommen, wenn sie mehrmals die Umschüttung in die verschiedenen Gläser selbst vornehmen durften.

Motivationsentwicklung, Handlungsorganisation und Selbstkontrolle

Wann und wie fangen Kinder an, ihr Verhalten auf Ziele hin auszurichten? Wie entwickeln sie ihre Motivation? Die Entwicklungspsychologin Bischof-Köhler forschte über diese Fragen (2000). Kleinkinder verfügen noch nicht wie Erwachsene über eine rationale Handlungsplanung, bei der sie sich Ziele vorstellen können, über die Mittel und Wege, wie diese zu erreichen sind, nachdenken, ihre eigenen Kompetenzen in Erwägung ziehen und womöglich die Wahrscheinlichkeit für einen Handlungserfolg abschätzen. Alles beginnt mit einer so genannten vorrationalen Verhaltenssteuerung, wobei die Ziele noch auf basale Bedürfnisse ausgerichtet sind: die Regulation des Verhaltens gegenüber Vertrautem, gegenüber Neuem, beim Sich-Durchsetzen gegenüber anderen und bei Kompetenzerfahrungen durch die Bewältigung von Problemen. Im Babyalter äußern sich motivationale Prozesse in erster Linie in Form von Emotionen: so vermittelt die Anwesenheit einer vertrauten Bezugsperson beispielsweise das Gefühl der Geborgenheit. Wird das Kind allein gelassen, tritt Verlassenheitsangst auf. Bei Erregung sind die Gefühle Neugier und Furcht aktiviert, und bei der Autonomieregulation wird ein Erfolg von Gefühlen der Freude begleitet.

Folgende „Stufen der Handlungsorganisation“ (nach Bischof-Köhler 2000) sind zu beobachten: Anfangs wird das Kind von seinen Antrieben bestimmt. Sie geben die Ziele vor, die es unbewusst zu erreichen sucht. Mitte/Ende des zweiten Lebensjahres bildet das Kind ein Ich-Bewusstsein aus und seine Vorstellungstätigkeit setzt ein. Das Kind kann jetzt Problemlösungen simulieren, Ziele und den Weg zu ihrer Erreichung also vergegenwärtigen. Damit ist der erste entscheidende Schritt zur rationalen Handlungsplanung vollzogen.

Experimente legen nahe, dass Kinder mit 20 bis 26 Monaten ein vorgegebenes Ziel mit einer gewissen Konsequenz verfolgen, ohne sich ablenken zu lassen. Ihr Verhalten erscheint zielgerichtet und ein erfolgreicher Handlungsabschluss ist mit bestimmten emotionalen Reaktionen verbunden, die auf Ich-Beteiligung hinweisen.

Wer bewusst Ziele verfolgen kann, muss noch nicht zukünftige Bedürfnislagen antizipieren und für diese vorausplanen. Um mehrere Bedürfnisse, aktuelle wie zukünftige, beim Handeln zu berücksichtigen, muss man prinzipiell in der Lage sein, sich von momentanen Antrieben – und wenn sie noch so drängend sind – zu distanzieren. Selbstkontrolle wird nötig, wenn man überlegen möchte, welches Motiv den Vorrang haben soll und wie man es am besten verwirklicht. Im Alter von vier Jahren, wenn Selbstkontrolle beginnt, geht es vor allem um die Impulskontrolle und die Unterdrückung unangemessener Reaktionen. Die Selbstkontrolle scheint eng mit der Zeitvergegenwärtigung zusammenzuhängen: Der Aufschub einer aktuellen Motivation fällt jetzt deshalb leichter, weil man sich vorstellen kann, das Aufgeschobene zu einem späteren, geeigneteren Zeitpunkt nachzuholen.

Wie lernt ein Kind laufen?

Es lernt es gar nicht, es kann es plötzlich. Manchmal geschieht das tatsächlich von heute auf morgen. Die motorische Entwicklung, an deren Ende Kinder laufen können, ist ein Reifungsprozess, der nach inneren Gesetzmäßigkeiten abläuft. Alles Üben nutzt nichts, Eltern können das Ausreifen dieser motorischen Funktionen nicht beeinflussen – schon gar nicht durch so genannte Lauflerngeräte. Jedes Kind hat seine eigene Geschwindigkeit und „geht" seinen eigenen Weg. Die ersten Schritte können mit neun oder mit siebzehn Monaten gemacht werden. Der Zeitpunkt lässt keinerlei Rückschlüsse auf die weitere Entwicklung der Beweglichkeit oder gar anderer Leistungen zu.

Das heißt aber nicht, dass die Bezugspersonen sowie das Umfeld eines Kindes gar keinen Einfluss auf seine motorische Entwicklung hätten. Sobald ein Kind sich selbstständig fortbewegen kann, liegt es ganz wesentlich an den Bezugspersonen, was es mit dieser neu gewonnenen Fähigkeit in Zukunft anfangen wird. Begrüßen und fördern sie die ursprünglich immer vorhandene Bewegungsfreude des Kindes, wird es weiterhin viel Spaß daran haben und motorische Herausforderungen begeistert annehmen. Die meisten Kinder verhalten sich überraschend sicher und geschickt, da ihre Bewegungserfahrungen ständig zunehmen und für jede neue Aktion abrufbar sind. Auf diese Weise lernt das Kind, dass man auch mal hinfallen und sich wehtun kann, der Schmerz aber meist bald wieder abklingt, oder dass man ein Ziel auf einem bestimmten Weg nicht erreichen kann, aber dafür auf einem anderen, sofern man kurz nachdenkt und sich nicht sofort entmutigen lässt. Bieten die Bezugspersonen diese Freiräume, so leisten sie einen wertvollen Beitrag zur Entstehung des kindlichen Körperbewusstseins und bereiten das Kind darauf vor, seine motorischen Fähigkeiten realistisch einzuschätzen und aufmerksam für Risiken zu werden.

Umgang mit Trennungen

Allmählich vergrößert das Kind seinen Aktionsradius. Seine Beine bringen es nun immer schneller an immer weiter entfernte Orte, weg von der Bezugsperson. Das Kind läuft oftmals weiter und schneller als ihm selbst lieb ist. Natürlich will es viel herumrennen, aber nach Möglichkeit immer mit Mama oder Papa im Schlepptau. Den Umgang mit Trennungen, auch mit ganz kurzen, muss es erst lernen. Am besten darauf vorbereitet sind Kinder mit sicheren Bindungserfahrungen in einem engen Kreis vertrauter Bezugspersonen. Diese ersten emotionalen Erfahrungen dienen als inneres „Arbeitsmodell", das die Erwartungshaltung bestimmt, mit der das Kind in seinem ganzen weiteren Leben auf andere Menschen zugehen wird.

Am Anfang reagiert jedes Kind heftig auf Trennungen. Es protestiert und konfrontiert seine Bezugspersonen mit eindeutigen Signalen seiner Trennungsangst. Im zweiten Lebensjahr kokettieren Kinder dann gerne mit ihrer zunehmenden Autonomie. Sie spielen mit der Trennung und der Trennungsangst, indem sie gezielt Interaktionen gestalten, bei denen sie sich zeitweilig dem Blickfeld der Bezugspersonen entziehen, um dann wieder aufzutauchen. Wenn sie sich die Augen mit den Händen zuhalten, ein Tuch über den Kopf ziehen oder sich irgendwo im Haus oder Garten verstecken, entsteht für sie für kurze Zeit eine ganz eigene Welt. Das ist sehr reizvoll, solange sicher ist, dass die Bezugspersonen gleich wieder da sind, wenn sie die Augen öffnen oder das Tuch abziehen, und dass sie vermisst, gesucht und auch voll Freude wieder gefunden werden. Lustvoll erlebte Trennungsspiele unterliegen strengen Spielregeln: Das Kind muss die Kontrolle über die Situation behalten. Andernfalls nimmt die Angst überhand und das Spiel ist vorbei.

Erste Kompetenzgefühle

Die Kontrolle über eine Situation zu haben, ihr nicht hilflos ausgeliefert zu sein, scheint bereits für Kleinkinder sehr wichtig zu sein. Verhaltensbeobachtungen konnten beispielsweise zeigen, dass der Start eines Kleinkindes im Sandkasten Prognosen über den weiteren Spielverlauf beim Buddeln zulässt. Kinder, die nach der Ankunft auf dem Spielplatz noch ein Weilchen bei ihren Eltern sitzen, sich umschauen, schmusen oder direkt neben der Bank ein kleines Spiel beginnen und dann von sich aus in den Sandkasten gehen, spielen dort bedeutend länger für sich allein oder auch zusammen mit anderen Kindern als die Kinder, die von ihren Eltern nach der Ankunft recht schnell in den Sand zum Spielen gesetzt werden. Oft kommen letztere sofort wieder angelaufen oder spielen nur ganz kurz, bevor sie wieder den Kontakt zu Mutter oder Vater suchen und einfordern. Worin könnte der Unterschied liegen?

Im ersten Fall fasst das Kind selbst den Entschluss, von den Eltern weg in den Sandkasten zu gehen, und bestimmt den Zeitpunkt dafür. Im zweiten Fall geben die Eltern den Startschuss zur Trennung und für ein neues Spiel, zu einem Zeitpunkt, der ihnen der richtige zu sein scheint. Vielleicht würde das Kind nach einigen weiteren Minuten in Elternnähe besser vorbereitet auf das Alleinspiel oder einen Kontakt mit anderen Kindern starten können. Eigentlich ist es nicht überraschend, dass eine selbst initiierte Trennung zum für das Kind optimalen Zeitpunkt stattfindet – nämlich genau dann, wenn es sich orientiert und kaum mehr Bedürfnis nach Elternkontakt hat, seine emotionalen Akkus voll aufgeladen sind und es gleichzeitig maximal spielbereit ist. Dann kann es losmarschieren und sich auf ein langes, genussvolles Spiel einlassen. War es seine Entscheidung, spielen zu gehen, kann es auch aktiv werden.

Elterliche Unterstützung

Von Zeit zu Zeit ein kurzer Zuruf und ein schneller rückversichernder Blick zu Mutter oder Vater reichen dann aus, damit das Kind – selbst im Beisein anderer, unbekannter Kinder – entspannt spielen kann. Begegnet dem Kind in dieser Situation etwas Neues, Unerwartetes, so schaut es seine Bezugsperson an und versucht, aus ihrem Gesichtsausdruck Gelassenheit, Aufmunterung, Bestätigung oder Warnung abzulesen (soziale Bezugnahme). Je nachdem, wie die Reaktion ausfällt, traut es sich, weiter zu forschen oder unterlässt es. Ständig ist das Kind damit beschäftigt, seine eigenen Empfindungen mit denen der vertrauten Erwachsenen oder der älteren Kinder zu vergleichen und über Blicke aktuell notwendige Informationen einzuholen. Soll sich dieser Informationsaustausch bewähren, müssen die Interaktionspartner ansprechbar und zugewandt sein.

Für sich sein zu können, sich selbst beschäftigen zu können und sich dabei wohl zu fühlen, lernen Kinder im Beisein ihrer Bezugspersonen. Kleinstkinder, die bereits viel ohne die engsten Bezugspersonen spielen, sind dazu in der Lage, weil eine zuverlässige Bindung zu diesen ihnen die nötige innere Sicherheit verleiht. So können sie es sich leisten, längere Zeit ohne direkten Kontakt auszukommen. Sich selbst beschäftigen zu können, stärkt die Kompetenzgefühle eines Kindes. Das Kind erfährt durch eine Vielzahl gewinnbringend verarbeiteter kleiner Trennungserfahrungen, dass es auch gut sein kann, mal alleine zu sein – eine wesentliche Voraussetzung, um sich selbst zu mögen, und eine gute Vorbereitung auf den Kindergarten und jede andere Betreuungseinrichtung. Ohne sichere Bindung gibt es keine schmerzlose Trennung. Wichtig bei einer Trennung ist aber nicht nur, wer geht, sondern auch, wer bei dem Kind bleibt. Gelingt es der Erzieherin, Tagesmutter oder Babysitterin, gemeinsam mit den Bezugspersonen in einer Eingewöhnungsphase das Vertrauen des Kindes zu gewinnen, dann wird das Kind die vorübergehende Trennung von der Hauptbezugsperson ohne Stress und ohne Trauer akzeptieren.

Der Eintritt in die Kinderkrippe

Die Bindungstheorie sieht eine Erweiterung der *Mutter-Kind-Dyade* konzeptionell durchaus vor. Denn Säuglinge verfügen von Geburt an über vielfältige Kompetenzen, die es ihnen ermöglichen, die Individualität von mehr als einer Person zu erfassen und spezifische Bindungen mit mehr als einer Person einzugehen. Die Voraussetzung ist allerdings, dass die Zahl der Personen überschaubar bleibt und ein regelmäßiges Zusammensein ermöglicht wird. Doch – darauf weist die Entwicklungspsychologin Heidi Keller (1997) hin – lassen diese Ergebnisse noch nicht den Schluss auf die Notwendigkeit einer Betreuung durch mehrere Personen zu, wie sie auch keine alleinige Mutter-Kind-Beziehung begründen können.

Zu einer Erweiterung der Mutter-Kind-Dyade auf mehrere Beziehungen, die ein Säugling oder Kleinkind eingeht, kommt es automatisch, wenn das Kind einen aktiven Vater (*triadisches Beziehungsmodell*), einen durch Geschwister, Kinderfrau und Großeltern erweiterten Kontaktkreis oder eine außerhäusliche Betreuung (*polyadisches Modell*) hat. Zur Erweiterung des familiären Kreises an Bezugspersonen gibt es kaum empirische Untersuchungen; die meisten Ergebnisse zur Fähigkeit eines Kindes, neue dyadische und vor allem triadische Beziehungen zu knüpfen, stammen aus der Forschung über Tagesbetreuung in Krippen und Kindertagesstätten. Es besteht allgemeiner Konsens darüber, dass der Dyade-Partner den Übergang in die Triade oder Polyade vorbereitet. Das Kind ist auf die Hilfe der Erwachsenen und deren Fähigkeit, triadische Beziehungsmuster zu entwickeln, angewiesen. Die bewusste Öffnung der Mutter-Kind-Dyade scheint ein wichtiger positiver Faktor für die Erweiterung des Kreises und für eine gute Entwicklung des Kindes in einer außerfamiliären Betreuung zu sein.

Die Eingewöhnung

Ein emotional möglichst wenig belastender Übergang wird am ehesten durch eine behutsam gestaltete Eingewöhnungsphase gewährleistet. Alle Kinder profitieren von einer mehrtägigen, von den Eltern begleiteten Eingewöhnungszeit. Der anwesende Elternteil baut einen zugewandten

Kontakt zur Erzieherin auf, die das Kind eingewöhnt. Untersuchungen deuten darauf hin, dass – abhängig vom Bindungstyp des Kindes – eine kürzere bzw. längere Begleitung durch die Mutter (oder den Vater) sinnvoll sein kann (Laewen u. a. 2006).

Kinder, die nur eine *kurze Eingewöhnung* (ca. 1 Woche) brauchen, benutzen ihre Mutter von Anfang an kaum als sichere Basis in der neuen Umgebung. Sie nehmen schnell Kontakt mit der neuen Bezugsperson auf, rückversichern sich selten bei ihrer Mutter und die Erzieherin kann Pflegetätigkeiten bald problemlos selbst beim Kind durchführen. Während der ersten kurzen Trennungsphasen zeigen die Kinder kaum Protest und nach der Rückkehr der Mutter wird selten oder nur flüchtig der Kontakt zu ihr gesucht. Kinder, die eine *längere Eingewöhnung* (ca. 2–3 Wochen) brauchen, nehmen dagegen im Gruppenraum noch längere Zeit und häufig Kontakt zur Mutter auf, gehen nur langsam und schrittweise auf die Kontakt- und Spielangebote der Erzieherin ein und versichern sich immer wieder über Blickkontakte der mütterlichen Anwesenheit. Der Weggang der Mutter löst meist Protest beim Kind aus. Nach ihrer Rückkehr sucht das Kind aktiv die körperliche Nähe zu ihr und begrüßt sie freudig. Pflegetätigkeiten können erst allmählich von der Erzieherin übernommen werden, ohne dass das Kind protestiert.

Die in der elternbegleiteten Eingewöhnungszeit gemachten Erfahrungen mit seiner neuen Bezugsperson prägen die Beziehung des Kindes zur Erzieherin. Wie feinfühlig sie dem Kind gegenüber ist, wie positiv und zugewandt sie mit ihm interagiert und wie beständig und kontinuierlich sie ihm zur Verfügung steht, bestimmt die Beziehungsqualität. Die Verantwortung für den Beziehungsaufbau trägt die Erzieherin. Die erworbene Beziehungsqualität nimmt Einfluss auf die Art und Qualität des Informationserwerbs, sie gibt Strukturen vor, wie mit Neuheit und Komplexität umgegangen wird. In Explorationssituationen entscheiden die Anwesenheit der neuen „Sicherheitsbasis“ und die Möglichkeit der schnellen körperlichen, sprachlichen oder wenigstens visuellen Kontaktaufnahme mit ihr darüber, wie das Kind die Situation einschätzt und seine Aktionen plant.

Compliance – die Bereitschaft, sich sozialisieren zu lassen

„Compliance“ beschreibt innerhalb der Entwicklungspsychologie die Bereitschaft eines Kindes, auf die Wünsche seiner erwachsenen Bezugspersonen einzugehen, Anweisungen zu befolgen und bei anstehenden Aufgaben mitzumachen. Vorläufer von Compliance zeigen sich bereits im ersten Lebensjahr und basieren auf den Interaktionen zwischen Mutter und Kind. Haben beide Seiten in diese frühen Interaktionen viel Emotionen, Engagement, Empathie und Vertrauen investiert, so ist dies die beste Voraussetzung für das Kind im zweiten Lebensjahr, eine positive Bereitschaft zu entwickeln, sich von dem erwachsenen Bezugspartner sozialisieren zu lassen. Das heißt, eine sichere Bindung ist eine besonders günstige Voraussetzung, um für den Erziehungseinfluss der Bezugspersonen empfänglich zu sein und deren Werte und Regeln zu übernehmen. Auch ist es offenbar wichtig, ein gewisses Training im Umgang mit alltäglichen Frustrationen durchgemacht zu haben. Mädchen scheinen mit 13 bis 15 Monaten bereits folgsamer zu sein als Jungen.

Es gibt zwei Arten von Compliance. Bei der einen Form, dem „Sich-Fügen“, ist das Kind zwar kooperativ, aber nicht von sich aus motiviert, eine Aufgabe zu Ende zu bringen, und tut dies nur, wenn die Bezugsperson auch dabeibleibt. Beim „aktiven Folgen und Mitmachen“ dagegen ist das Kind mit vollem Herzen dabei und befolgt die Handlungsvorgaben der Bezugsperson auch dann, wenn es nicht überwacht wird; es hat diese sozusagen verinnerlicht. Kinder mit bereits sehr früh ausgeprägter Compliance zeigen später, im Alter von fünfeinhalb Jahren, eine besonders große Gewissenhaftigkeit: Sie packen beispielsweise auch ohne Aufsicht ihr Malzeug weiter ein und mogeln bei einer schwierigen Spielregel nicht – selbst wenn niemand hinschaut. Diese aktive Form der Folgsamkeit dürfte somit der erste Schritt zu einer verinnerlichten Kontrolle des eigenen Verhaltens sein. Im Laufe der kindlichen Entwicklung nimmt das passive Sich-Fügen vom zweiten bis zum fünften Lebensjahr ständig ab, während die aktive Folgsamkeit ständig zunimmt.

Angstfrei spielen

Kinder, die unter einer Trennung leiden oder dauernd auf Zuwendungssuche sind, können nicht spielen. Spielen ist der natürlichste Weg, die Umwelt und sich selbst kennen zu lernen, Erfahrung zu gewinnen und Fähigkeiten zu entwickeln. Unwillkürlich üben Kinder beim Spielen, was ihnen später zugute kommen wird. Doch füllt das Spiel sinnvollerweise nur die Pausen zwischen den Aktivitäten aus, die der aktuellen Lebensbewältigung dienen. Spielen kann man nur im entspannten Feld. Sobald Angst, Schmerz, Hunger oder Müdigkeit sich melden, hört das Kind auf zu spielen. Aus diesem Grund spielen Kinder, die kaum Momente der Entspannung erleben, fast nie. Sobald ein Kind unter gesteigerter Angst leidet – als Folge frühkindlicher Betreuungs- und Bindungsmängel oder einer schmerzhaften Erkrankung –, kommt das Spiel zu kurz und lustvolle Spielerfahrungen bleiben aus. Dann bleiben dem Kind viele Erfahrungen, die es spielend erwerben könnte, vorenthalten. Seine Lebenslust wird geschmälert und seine geistige und soziale Entwicklung kann trotz guter Anlagen beeinträchtigt werden. Kinder, die nicht spielen, haben Schwierigkeiten, Lern- und Konzentrationsfähigkeit, Selbstständigkeit, Kreativität und soziale Kompetenz zu erwerben.

Wie wird gespielt?

Das Spiel wird im zweiten Lebensjahr zunehmend komplexer. Das Kind räumt Gegenstände aus und ein, steckt sie ineinander oder stellt sie aufeinander. Auf diese Art und Weise übt es sich in Feinmotorik und sammelt gleichzeitig Erfahrungen im Umgang mit den Objekten. Der Umgang mit Materialien wird in der zweiten Hälfte des zweiten Lebensjahres deutlich spezifischer und funktionsgerechter. Es wird mit Klötzen gebaut, mit Stiften gekritzelt und mit Sand geschaufelt. Komplizierte Handlungen mit Alltagsgegenständen, die z. B. das Einhalten einer Reihenfolge und mehrere Gegenstände beinhalten, treten mit 18 bis 24 Monaten auf. Verwandt mit dem Spiel, aber nicht identisch, ist das spielerische Erkunden, die Exploration, bei der ein Kind herauszufinden versucht, was man mit einem Gegenstand alles machen kann, wie er beschaffen ist oder wie er von innen aussieht.

Gegen Ende des zweiten Lebensjahres werden auf Grund des wachsenden Vorstellungsvermögens und Symbolverständnisses des Kindes planvolle Handlungen sichtbar. Das Kind benutzt Gegenstände, um ein imaginiertes Zielobjekt herzustellen. Das kann ein Bauwerk sein, eine Zeichnung, eine geformte Figur, eine Sandburg oder ein Gerät. Typisch ist, dass das Kind bereits vor dem Spiel sagt, was es herstellen möchte. Das Konstruktionsspiel leistet eine wichtige Aufgabe für die kindliche Entwicklung. Neben dem Zuwachs an Geschicklichkeit und Erfahrung mit Materialien lernt das Kind, planvoll und im Hinblick auf das Zielprodukt zu handeln, was Konzentrationsfähigkeit und Ausdauer stärkt.

Symbol- oder Fiktionsspiel

Ebenfalls im zweiten Lebensjahr beginnt das so genannte Symbol- oder Fiktionsspiel, das oft als die eigentliche kindliche Spielform beschrieben wird. Wahrscheinlich, weil dieses Spiel uns zeigt, dass ein Kind nun die Welt der Vorstellungen entdeckt hat. Es deutet einen Spielgegenstand und was es damit macht, nach eigenen Spielzielen und Wünschen, und genauso schnell kann eine fantasievolle Umdeutung erfolgen. Die Handlungen selbst stammen aus dem sozialen Umfeld des Kindes: Blätter werden zu Speisen, ein Teddybär wird zum Kind. Damit schlüpft es auch selbst in eine andere Rolle. Das Kleinkind weiß viel früher, als Piaget annahm, dass ein Symbol für ein Objekt stehen kann. In einem Versuch zur frühen Symbolfähigkeit wurde einem Kind eine Puppenstube gezeigt, in der hinter dem Sofa eine kleine Puppe versteckt wurde. Die Puppenstube war ein Modell für einen echten Raum, in den das Kind geführt wurde, und wo es hinter dem echten Sofa eine Puppe zu suchen begann. Das Symbolspiel tritt abrupt mit etwa zwölf bis dreizehn Monaten erstmals auf, nimmt über die Kindergartenzeit zu und sinkt dann in seiner Häufigkeit wieder.

Das vermehrte Hantieren mit und Manipulieren von Gegenständen perfektioniert das Greifen. Der Umgang mit Werkzeugen, etwa dem Löffel beim Essen oder der Schere beim Ausschneiden, das Balancieren von Gegenständen, das Fangen und Werfen von Bällen, das Malen und Schreiben stellen besondere Anforderungen an die Koordination von Auge und Hand. Diese Anforderungen sind sehr komplex, und der Erwerb neuer motorischer Fähigkeiten ist immer mit einer Kopplung von Wahrnehmung und Motorik verbunden. Die Leistung in diesen wahrnehmungsmotorischen Aufgaben verbessert sich im Laufe der Kindheit immer weiter. Zum einen, was die Geschwindigkeit der Vorbereitung und die Ausführung von Zielbewegungen, zum anderen, was die räumliche und zeitliche Genauigkeit und die Zuverlässigkeit der Bewegung selbst betrifft.

Die Sprachentwicklung

Ein weiterhin wichtiger Faktor in der Gesamtentwicklung ist der Spracherwerb. Wenn Kleinstkinder nach den ersten langsamen Anfängen mit ungefähr 18 Monaten die 50-Wort-Grenze erreichen, befinden sie sich an einem entwicklungskritischen Punkt. Ab jetzt können sie sehr schnell viele neue Wörter lernen. Die Kinder entdecken, dass jedes Ding seinen eigenen Namen besitzt, und nehmen neue Begriffe begierig auf. Da sie bei neuen Wörtern nicht wissen können, auf welchen Teil des Objekts oder auf welche Eigenschaft (Farbe, Größe) sie sich beziehen, folgen sie einer angeborenen Lernstrategie, nach der das neue Wort immer erst einmal fürs Ganze steht, bis weitere Informationen dazukommen. Deutet die Mutter beispielsweise in Richtung eines Hundes und sagt „Das ist ein Hund“, nimmt das Kind erst einmal an, dass sie nicht die flauschigen Ohren, das braune Fell oder die heraushängende Zunge meint, sondern den ganzen Vierbeiner. Auf diese Weise können *Übergeneralisierungen* entstehen: Das Wort „Hund“ bezeichnet dann alle Tiere, die vier Beine und einen Schwanz haben. Auf der anderen Seite kann es auch zu einer *Überdiskriminierung* kommen: Das Kind sagt „Ente“ und meint eine spezielle Situation, in der es eine ganz bestimmte Plantschente aus der Badewanne herauswirft, nicht aber dieselbe Ente in anderen Situationen oder gar andere Spielzeugenten. Später kann der gleiche Begriff wiederum übergeneralisiert werden.

Innerhalb von 16 Jahren wird ein Wortschatz von 60.000 Wörtern aufgebaut. Um dieses Ziel zu erreichen, müssen täglich etwa neun neue Wörter hinzukommen. Das Kind durchlebt im zweiten Lebensjahr normalerweise eine regelrechte *Wortexplosion*, mit der die Schwelle für den Grammatikerwerb erreicht wird. Im Alter zwischen 27 und 31 Monaten beginnen die Kinder, weit häufiger als zuvor, Verben und Adverbien zu verwenden. Die Substantive bekommen Gesellschaft. Sobald Kinder die Bedeutung von Satzmustern erkannt haben, können sie auch abstrakte Inhalte ausdrücken. Kinder, die im Alter von 24 Monaten noch keine 50 Wörter beherrschen, werden als „late talkers“ bezeichnet. Etwa der Hälfte dieser Kinder gelingt es im weiteren Verlauf ihrer Entwicklung, ihren Sprachrückstand aufzuholen, sodass sie im Alter von drei bis vier Jahren mit den übrigen Kindern gleichgezogen haben. Der anderen Hälfte hingegen gelingt dies nicht. Ihr Störungsbild verfestigt sich, ihre Sprachleistungen werden nun als ungenügend eingeschätzt. Aus einer anfänglichen Verzögerung der Wortschatzentwicklung ist eine Störung der Sprachentwicklung geworden, die therapeutischer Hilfe bedarf.

IV. Das dritte Lebensjahr

Zweijährige spielen und beobachten, um sich immer besser in der Welt zurechtzufinden. Dafür brauchen sie aber auch differenzierte Rückmeldungen dieser „Welt“, die sie auf verschiedensten Wegen abfragen. Denn in diesem Alter beginnt ein Kind, seine Erfahrungsschatzkiste spielerisch zu füllen. Es kommt zu ersten Konflikten. Die häufigste Form sind „Besitzkonflikte“: „Wem steht das Spielzeug zu?“ Hier ist das Einfühlungsvermögen der Erzieherinnen gefragt, genau wie in der Trotzphase. Durch die wachsende Selbst-Entwicklung des Kleinkindes entsteht automatisch ein starker Eigensinn. Dieser hat einen spezifischen Sinn: Das Kind fordert durch sein Verhalten klare Aussagen der Erwachsenen, die ihm Orientierung geben und Entwicklungsforschritte ermöglichen. Eine weitere wesentliche Aufgabe des dritten Lebensjahres ist die Emotionale Entwicklung. Zwischen dem zweiten und dritten Lebensjahr beginnen Kinder, ihre Emotionen zu benennen, auch ein Zeichen, dass die Sprachentwicklung weiter enorm voranschreitet.

Spielentwicklung

Jetzt beginnt das Kind zu konstruieren, es backt Sandkuchen und baut einfache Türme aus wenigen Teilen. Die Gebilde aus Sand und Bauklötzen bekommen immer mehr eine Form, der man eine bekannte Gestalt zuweisen kann. Die wachsende Vorstellungskraft erlaubt es dem zweijährigen Kind, im Rahmen des Symbolspiels die charakteristische Haltung des „So-tun-als-ob“ einzunehmen. Es legt sich beispielsweise hin und tut so, als ob es schliefe, oder rührt Sand in einem Eimer, wie die Eltern die Suppe im Kochtopf. Anfangs ist das Kind in seiner Vorstellung noch nicht selbst die Mutter beim Kochen, doch schon bald nimmt es seine Puppe auf den Arm und füttert sie. Dabei tut es dann so, als wäre es selbst die Mama und die Puppe das Kind. Es spricht mit der Puppe, während es an ihr bekannte Alltagshandlungen – in direkter Nachahmung von Gesehenem oder selbst Erlebtem – vornimmt.

Das Spiel wird sozialer …

Schon etwa ab dem sechsten Monat interessieren sich Kinder für andere Kinder. Man beobachtet, wie sie zuschauen, anlächeln, nachkrabbeln, vokalisieren, imitieren, etwas geben oder nehmen – also Handlungen vollziehen, die auf eine andere Person bezogen sind und von wechselseitigem Blickkontakt begleitet werden. Zwischen dem ersten und zweiten Geburtstag nimmt das Interesse an anderen Kindern merklich zu und Zweijährige interagieren bereits intensiv miteinander, wobei die gegenseitige Imitation eine herausragende Rolle spielt. Sie ist nicht albern, wie oft von Erwachsenen falsch eingeschätzt, sondern ein sehr geeigneter Versuch, die eigenen Verhaltensweisen mit denen eines anderen Kindes abzustimmen. Dieses Vorhaben gelingt nur einem Kind, das seine Aufmerksamkeit und Gefühlszustände regulieren und mit der Aufmerksamkeit für andere Kinder und für Geschehnisse koordinieren kann. Wenn Zweijährige spielen, spielen sie oft nebeneinander mit vergleichbaren Spielsachen oder auch mit demselben Spielzeug – eine gute Strategie, um in Kontakt miteinander zu kommen. Bis sie zu Großen im Kindergarten geworden sind, verwenden sie das Geben, Zeigen, Vorführen, Teilen und Zuwerfen von Objekten geschickt und erfolgreich im Rahmen ihrer sozialen Strategien mit Altersgenossen und Erwachsenen. Das gemeinsame Interesse an einem Gegenstand initiiert bei den Zweijährigen den Kontakt und hält ihn aufrecht.

Dieses immer anspruchsvoller werdende Miteinander führt verständlicherweise auch zu Konflikten, z. B. weil der Gegenstand nun allseits begehrt ist und man leicht die Kontrolle über das Spielmaterial und den weiteren Spielverlauf verliert. Kleinkinder in Gruppen benutzen faszinierenderweise bereits die Regel der Priorität: Wer sich zuerst mit einem bestimmten Gegenstand beschäftigt, erwirbt damit automatisch einen vorübergehenden Besitzanspruch. Jemandem seinen zeitweiligen Besitz wegzunehmen, führt beim „Dieb“ zu Unsicherheit und Stress, was ihn den „geklauten“ Gegenstand schnell wieder herausrücken lässt. Im dritten Lebensjahr haben die meisten Kinder gelernt, zu teilen: Sie geben aber nur dann bereitwillig ab, wenn sie gebeten und nicht mit einer Forderung konfrontiert werden. Wenn der andere seine Anfrage so vorträgt, dass in seinem Verhalten eindeutig zum Ausdruck kommt, dass er weiß,

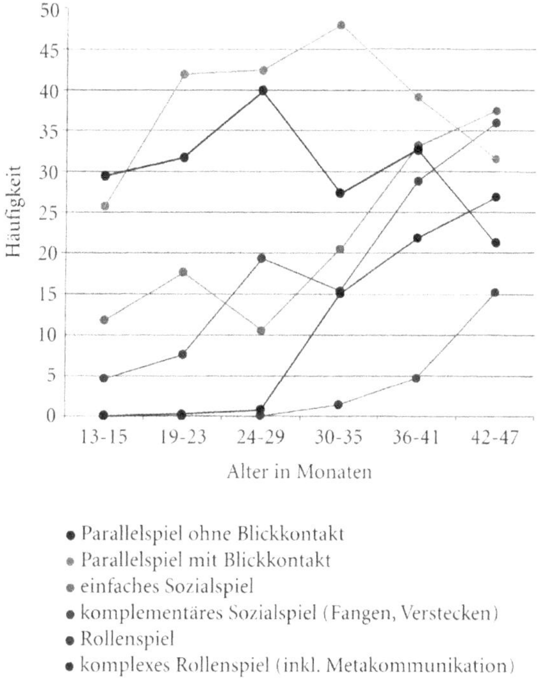

Abb. 4: Entwicklung des Sozialspiels von Ein- bis Vierjährigen in Außerhausbetreuung (nach Howes & Matheson 1992).

wem was zusteht – er also den Besitzanspruch des anderen akzeptiert –, sind seine Chancen, etwas zu erhalten, groß. Wegnehmen lässt sich ein Kleinstkind nichts. Es protestiert, und zwar meist mit Erfolg. Mit Zweijährigen steigt die Konflikthäufigkeit in der Gruppe; in über 80 Prozent der Fälle handelt es sich um Besitzkonflikte, die in diesem Alter noch nicht von jedem Kind selbst gelöst werden können. Aber diese Auseinandersetzungen bieten wichtige Informationen über Beziehungen und Handlungsspielräume, wenn man damit nicht allein gelassen wird. Bietet sich hier eine einfühlsame und kompetente Erzieherin als Unterstützung bei der Lösung des Problems an, vermittelt und erleichtert sie die Kommunikation, so ist dies eine gute Schulung sozialer Fähigkeiten.

Die verbale Kommunikation zwischen den Kindern nimmt vor dem dritten Geburtstag deutlich zu; jetzt wird der Spielverlauf in Worten geplant und strukturiert, wie z. B. beim Fangen oder Verstecken.

Antwortbereite und feinfühlige Erzieher/innen sind das Maß für Betreuungsqualität schlechthin, besonders im Hinblick auf kognitive und sprachliche Fähigkeiten der Kinder in den ersten drei Lebensjahren. Als ausschlaggebend für eine Entwicklungsförderung haben sich häufige sprachliche Stimulierung (also Anregungen zum Dialog) wie auch sprachliche Unterstützung bei kindlichen Kommunikationsversuchen erwiesen. Den Erwachsenen kommt in diesem Zusammenhang eine besonders herausragende Rolle zu, da der sprachliche Austausch zwischen Kindern in diesem Alter eher spärlich ist. Das ist sicher auch einer der Gründe, weshalb ein- und zweijährige Kinder Erwachsene als Spielpartner im Zweierkontakt wie auch als Ansprechpartner anderen Kindern vorziehen. Die erwachsene Bezugsperson versteht schneller, was gemeint ist, hilft auszudrücken, was gesagt werden will, erkennt Bedürfnisse und Wünsche unmissverständlicher und ist natürlich auch eher in der Lage, eigene Ideen zurückzustellen und sich auf die Spielvorstellungen des Kindes einzulassen.

Die Trotzphase

Zu den größten Stolpersteinen im Alltag mit Zweijährigen gehört deren Trotz. Die zunehmende Selbst-Entwicklung führt zu immer mehr Eigensinn, und der äußert sich im dritten Lebensjahr deutlich. Nun erprobt das Kind, wann und wozu der eigene Wille nützt. Deshalb versucht es, gegen alle Widerstände aggressiv anzugehen, um zu erfahren, wann es seinen Willen durchsetzen kann und wann sich unüberwindbare Grenzen bieten. Die Trotzphase ist wichtig, weil danach die Spielregeln klarer sind; sie verlangt jedoch hohe erzieherische Fähigkeiten. Das Kind provoziert Reaktionen, um seinen Handlungsspielraum auszuloten und soziale Orientierungshilfen zu erhalten: Wie weit kann ich mit meinem Verhalten gehen, was kann ich mir ungestraft – Erwachsenen, aber auch Gleichaltrigen gegenüber – herausnehmen, wo muss ich mich bremsen und zurücknehmen? Denn genau das muss man wissen.

Kinder fordern durch ihr Verhalten den Erziehungsrahmen ein, der ihnen Entwicklungsfortschritte möglich macht. Das Kind nimmt am Sozialleben teil, indem es die hier geltenden Normen abfragt, um sich in dieser Welt einbringen zu können. Wenn ein Kind sich also zeitweilig aufdringlich und aufmüpfig verhält, erhöht es die Chancen auf eine schnelle und zweifelsfreie Antwort. Bleibt man dem „fragenden" Kind die Antwort schuldig, weil man ihm Frustrationen oder sich selbst die Auseinandersetzung ersparen will, kehrt keine Ruhe ein, im Gegenteil, es kommt zu verschärften Provokationen. Das Kind wird unausstehlich, denn es braucht die Antwort: entweder ein Freiraum schaffendes „Ja" oder ein eindeutig bremsendes „Nein", mit dem von jetzt ab immer an dieser Stelle zu rechnen ist. Nur das Setzen konsequenter, aber auch einsichtiger Grenzen schafft die so wichtigen klaren Verhältnisse, in denen ein Kind frei agieren kann. In diesen Situationen wird Erziehungsqualität abgefragt.

Visuelle Perspektivenübernahme

Mithilfe der so genannten „Drei-Berge-Aufgabe" kam Piaget zu der Schlussfolgerung, dass Kinder zwischen vier und sechs Jahren noch nicht in der Lage sind, sich in die Perspektive eines anderen zu versetzen (siehe Abb. 5, S. 76).

Der Test sah folgendermaßen aus: Ein Kind wurde vor ein Modell mit drei Bergen gesetzt und sollte angeben, was es aus seiner Position sah, und zusätzlich, was ein anderes Kind aus einer anderen Perspektive auf die Berge sähe. Piagets Meinung, jedes Kind würde seine Perspektive den anderen Beobachtern zuschreiben, liegt seiner Theorie des kindlichen Egozentrismus zu Grunde, hat sich aber heute als Fehleinschätzung erwiesen. Mittlerweile wird der Begriff der Perspektivenübernahme sehr viel differenzierter verwendet: Man unterscheidet zwischen visueller, kognitiver und emotionaler Perspektivenübernahme. Die Drei-Berge-Aufgabe wird heutzutage nur noch als Anhaltspunkt für die visuelle Fähigkeit des Kindes genommen, sich in den Standpunkt und Blickwinkel eines anderen hineinversetzen zu können. Neue Experimente haben gezeigt, dass bereits Zweijährige in der Lage sind, zu verstehen, was ein anderer Mensch aus

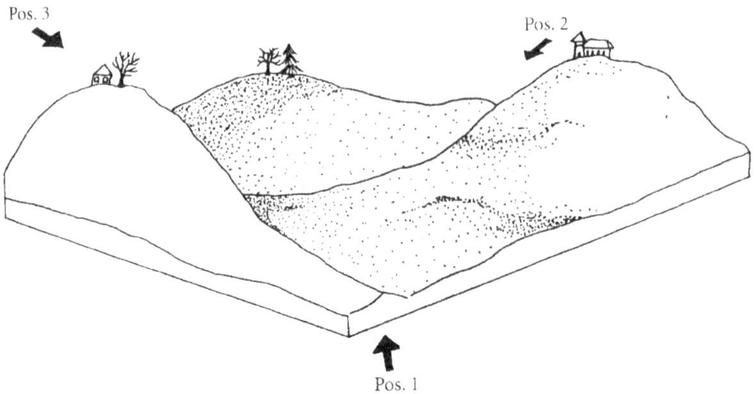

Abb. 5: Drei-Berge-Versuch zum Test der Fähigkeit zur visuellen Perspektivenübernahme (aus Oerter & Montada 2002).

seinem Blickwinkel sehen kann und was nicht (Ebene 1). Im vierten bis fünften Lebensjahr begreift das Kind dann auch, dass Gegenstände aus unterschiedlichen Perspektiven auch unterschiedlich aussehen, und kann ihr Aussehen rekonstruieren. Das heißt, es weiß, wie der Gegenstand für einen anderen Menschen aus dessen Perspektive aussieht (Ebene 2).

Entwicklung von Empathie

Neugeborene lassen sich durch das Geschrei anderer Babys anstecken und schreien plötzlich mit. Sie werden dabei von dem Gefühl der anderen vereinnahmt, sie empfinden mit und schreien, weil sie sich selbst betroffen fühlen (Gefühlsansteckung). Hierfür ist kein Lernen nötig. Schon im zweiten Lebensjahr wird einem Kind bewusst, dass nicht nur es selbst, sondern auch seine Mitmenschen Gefühle haben. Etwa mit 18 Monaten, sobald sie ein Ich-Bewusstsein entwickelt haben, sind Kleinstkinder in der Lage, die Emotionen anderer nicht nur mitzuempfinden, sondern den anderen auch zuzuordnen. Sie merken, dass es um die Situation des anderen und nicht um ihre eigene geht. Sie verstehen, dass es ihnen selbst nicht schlecht geht, aber dem anderen; sie werden empathisch.

Erst seit wenigen Jahren wissen wir, dass Einfühlungsvermögen oder Empathie – anders als die angeborene Gefühlsansteckung – eine gedankliche Leistung ist, die eine differenzierte Erkenntnisfähigkeit voraussetzt: Das Kind muss ein Konzept seiner selbst entwickelt haben, bevor es den anderen Menschen als ein selbstständiges Wesen erfassen kann, dessen Erleben mit dem eigenen Erleben vergleichbar ist. Zudem bedarf es einer entsprechenden Sozialisationserfahrung: Empathie muss also am eigenen Leib erlebt werden, um selbst einfühlsam sein zu können. Werden Hilfe suchende oder freudige Appelle eines Kindes von seinen Bezugspersonen nicht bemerkt, nicht berücksichtigt oder gar bestraft, lernt das Kind, diese Gefühlsäußerungen zu unterdrücken, und wird sie auch bei anderen Menschen nicht mehr bemerken und darauf reagieren.

Kommen zur Empathie noch Gefühle der Sorge um diesen Menschen und willentliche Aktionen, um dessen Leiden zu verringern, sprechen wir von Mitgefühl. Oft wirkt die Hilfe noch unangemessen, da das Sich-Hineinversetzen in den anderen eben noch nicht perfekt klappt. Was noch fehlt, ist die emotionale Perspektivenübernahme, die Fähigkeit, die Gefühle anderer gedanklich zu erschließen. Das ist eine Entwicklungsstufe, die dann etwa mit vier Jahren erreicht wird.

Emotionale Entwicklung

Gefühlszustände, die mit bestimmten physiologischen Reaktionen einhergehen, nennen wir Emotionen. Sie beeinflussen weite Teile unseres Lebens:

- Sie motivieren unser Handeln.
- Sie steuern den Gefühlsausdruck.
- Sie regulieren die Interaktionen mit anderen Menschen.
- Sie beeinflussen unser Gedächtnis, unser Denken und unsere Entscheidungsfindung.

Der erste emotionale Ausdruck des Säuglings, sein Schreien, dient dazu, die Bezugsperson auf sich aufmerksam zu machen, damit diese ihm hilft, seine aktuellen Bedürfnisse zu befriedigen. Bald darauf, mit spätestens 6 Wochen, setzt auch das Lächeln ein als positives Signal, als Zeichen von Wohlbefinden und zur Förderung der Interaktion mit der Bezugsperson, die entscheidend wichtig dafür ist, die ersten Emotionen des Säuglings durch Spiegelung und notfalls Beruhigung zu regulieren, bevor er dies selbst kann. Die so genannten *Basisemotionen* treten bereits sehr früh beim Säugling auf und sind durch Gesichtsausdrücke gekennzeichnet, die universell in allen Kulturen gezeigt und verstanden werden. Der Ausdruck von Freude, Kummer, Ekel und Interesse scheint bereits kurz nach der Geburt möglich. Ärger wird mit vier Monaten sichtbar, Überraschung mit sechs Monaten. Zum Ende des ersten Lebensjahres ist die Entstehung der primären Emotionen abgeschlossen, während die sekundären, die auf den Basisemotionen aufbauen, frühestens von der Mitte des zweiten Lebensjahres an beobachtet werden können, da sie bestimmte kognitive Fähigkeiten voraussetzen.

Bei Zweijährigen wird der emotionale Ausdruck vielfältiger, kontextspezifischer und kann zunehmend absichtsvoller eingesetzt werden. Ein Kind kann erst dann verlegen, neidisch oder mitleidend sein, wenn es Selbstbewusstsein entwickelt hat. Für Stolz und Scham muss es erst soziale Regeln kennen lernen, zu denen es sein eigenes Verhalten in Beziehung setzen kann. Es muss sich für sein eigenes Tun verantwortlich fühlen. Für die Entstehung von Schuldgefühlen ist die Entwicklung eines inneren Wertesystems notwendig.

Emotionale Kompetenz

Zu den Voraussetzungen einer erfolgreichen emotionalen Kommunikation, die sich im Laufe der ersten Lebensjahre entwickelt, gehört, neben der eigenen nonverbalen Ausdrucksfähigkeit, das Erkennen der nonverbalen Signale der anderen, die Fähigkeit, eigene Gefühle verbalisieren zu können, das Verständnis der Bedeutung von Gefühlen und nicht zuletzt die zunehmende Fähigkeit, die eigenen Gefühle regulieren zu können und ihnen nicht mehr hilflos ausgeliefert zu sein.

Emotionale Kompetenz in diesem Sinne zu erreichen, ist eine der bedeutendsten kindlichen Entwicklungsaufgaben der ersten sechs Lebensjahre. Der Lohn für das Erreichen dieser Kompetenz liegt in einer erhöhten Akzeptanz unter Gleichaltrigen, besseren sozialen Fähigkeiten und einem höheren Status innerhalb der Gruppe.

Emotionsgedächtnis und biologisch vorbereitete Gefühle

Während ältere Kinder sich an keine Geschehnisse mehr erinnern können, die vor ihrem dritten Geburtstag stattfanden, weil sie in diesen ersten drei Jahren noch nicht über ein autobiografisches Gedächtnis verfügen, ist das emotionale Gedächtnis in dieser Zeit durchaus schon funktionsfähig, und die emotionalen Anteile der kindlichen Erlebnisse können abgespeichert werden, um auch in späteren Jahren unbewusst zur Verfügung zu stehen. Für einige Objekte und Situationen scheint der Mensch bestimmte Emotionen instinktiv schneller parat zu haben als für andere. Man spricht vom so genannten „*Prepared Learning*", also von einem biologisch vorbereiteten Lernen. Evolutionär gut nachvollziehbar, können Kinder Angst vor Schlangen oder Spinnen schneller lernen als beispielsweise die Angst vor einem Auto – eine evolutionsbiologisch viel zu junge Gefahr, um sich in unserem Erbgut bereits verankert zu haben.

Benennen von Gefühlen

Die emotionale Eindrucksfähigkeit des Säuglings, das heißt die Fähigkeit, sich von den emotionalen Signalen seiner sozialen Umwelt beeindrucken zu lassen, reicht von der unmittelbaren Gefühlsansteckung bis hin zur Empathie. Erst der Spracherwerb ermöglicht Kleinkindern mit etwa 20 Monaten ihre Gefühle zu benennen. Sie kennen einzelne emotionale Begriffe wie „Wut" oder „Freude", verstehen deren Bedeutung zum Teil und drücken manchmal bereits ihre eigenen Gefühle aus (z. B. „Anna traurig"). Der passive Wortschatz für emotionale Begriffe ist dabei größer als der aktive. Zwischen dem zweiten und dritten Lebensjahr beginnen sie damit, ihr Emotionsvokabular zu benutzen, um andere zum Eingehen auf ihre Bedürfnisse zu bewegen. Sie lernen, ihre Fähigkeiten gezielter zur Kontrolle der eigenen Emotionen einzusetzen. Dabei nimmt ihr Verständnis für die emotionalen Äußerungen anderer Menschen zu und sie werden empfänglicher für die Feinheiten sprachlicher und nichtsprachlicher Kommunikation.

Bis zum 4. Lebensjahr reden die Kinder zunehmend mehr über die Gefühle anderer Personen als über ihre eigenen. Sie können ausführlichere Gespräche über die Ursachen und Folgen von Gefühlen führen.

Mit erweiterten sprachlichen Fähigkeiten nehmen auch die Versuche zu, das Verhalten und die Gefühle anderer zu beeinflussen. Eigene – sozial wenig akzeptierte – Gefühle wie Wut und Traurigkeit werden in der Öffentlichkeit abgeschwächt gezeigt.

Verstehen von Gefühlen

Durch das Miterleben der Gefühle anderer Personen wird der emotionale Wissenskatalog der Kinder immer größer. Im Laufe der Jahre bilden sie emotionale Schemata für die verschiedenen Gefühle aus. Diese Schemata umfassen neben dem Wissen über mimische und gestische Signale die Kenntnis weiterer situativer Hinweisreize, die es ihnen erlauben, Emotionen und ihre Ursachen zu erkennen. Dabei fällt es ihnen leichter, die situativen Gründe negativer Gefühle zu verstehen, als die für positive Gefühle – vermutlich weil Erwachsene mit ihnen häufiger über unerwünschtes Verhalten reden. Die Kinder verstehen immer besser, welche Emotionen akzeptabel sind. Der emotionale Lernprozess beinhaltet auch, dass die Kinder merken, dass manchmal zwei Gefühle gleichzeitig auftreten, die im Widerstreit miteinander sein können. Das Verständnis hierfür wächst entscheidend zwischen dem 4. und 5. Lebensjahr heran. Eine gute Sprachentwicklung wirkt sich förderlich auf das Emotionsverständnis aus.

Regulation von Emotionen und elterlicher Umgang mit kindlichen Gefühlen

Die Fähigkeit, seine Emotionen regulieren zu können und dadurch emotionale Kompetenz zu erwerben, hängt von den Wechselwirkungen zwischen dem kindlichen Temperament und der emotionalen Sozialisation in der Familie ab. Dabei wirkt sich eine sichere Bindung günstig auf die Entwicklung der kindlichen Emotionsregulation aus. In einem positiv-emotionalen Familienklima herrscht ein offener, toleranter Umgang mit Emotionen vor. Wichtig ist hierbei, wie Eltern ihre Emotionen ausdrücken und wie sensibel sie auf kindliche Emotionen reagieren. Wer seine Emotionen erleben darf und sie nicht unterdrücken muss, hat es viel leichter, denn seine positiven Emotionen werden bekräftigt und ihm wird beim Umgang mit negativen Gefühlen geholfen. Wir sprechen von einer echten Spiegelung, einer stimmig erlebten Beziehungsrealität, wenn Gefühle und Wahrnehmungen des Kindes einfühlsam erfasst und sprachlich passend bestätigt werden, und wenn das gesamte Repertoire von Erfahrungen und Emotionen ins zwischenmenschliche Erleben eingeschlossen wird. Es darf alles angesprochen werden, nichts wird ausgeklammert.

Emotionale Kompetenz wird behindert, wenn ein Kind erleben muss, dass bestimmte Aspekte seiner Empfindungen unbeantwortet bleiben und niemand eine Abstimmung versucht. Das kann z. B. Zärtlichkeitsäußerungen betreffen, aber genauso auch Mitteilungen, die seinen Ärger oder seine Wut spüren lassen. Die in der Interaktion ausgeklammerten Empfindungen nimmt das Kind als nicht mitteilbar wahr. Sie sind nach wie vor als Gefühle und Erlebnisweisen vorhanden, bleiben jedoch vom zwischenmenschlichen Erleben ausgeschlossen. Hier passiert ein Erlebnisraub, der sprachlos macht, weil diese Empfindungen eben nie adäquat in Worte umgesetzt worden sind. Werden dann auch noch andere Gefühlszustände, die für den Säugling vielleicht sogar eher zweitrangig sind, über Gebühr betont und immer sofort aufgegriffen, so verschiebt sich die Empfindungsrealität des Kindes. Seine Empfindungen decken sich nicht mit dem gespiegelten Bild von ihm selbst. Einzelne Verhaltensweisen, die von der Bezugsperson erwünscht sind und ihr gefallen, werden sofort beantwortet, während andere, für ihn vielleicht viel typischere und ebenfalls legitime Teile seines Selbsterlebens regelmäßig ignoriert oder gar geleugnet werden. In dieser Situation hat es ein Kind schwer, emotional kompetent zu werden.

Zunehmende Emotionskontrolle

Dass Säuglinge ihre Mimik noch nicht manipulieren können, spiegelt sich in ihrem Mienenspiel wider, das eine direkte Reaktion auf emotionale Reize darstellt. Mit etwa einem Jahr ist das Kind dann fähig, seine emotionalen Äußerungen zu übertreiben. Im dritten Lebensjahr ist es in der Lage, seinen emotionalen Ausdruck abzuschwächen, z. B. seine Freude über eine veränderte Situation nicht zu stark zu zeigen, weil es eigentlich durch die vorangegangene Situation noch beleidigt ist und dies auch noch zum Ausdruck bringen möchte. Die zunehmende willkürliche Kontrolle seiner Gesichtsmuskeln ermöglicht es ihm schließlich, echte Gesichtsausdrücke zu unterdrücken und falsche vorzuspielen. Ab dem dritten Lebensjahr beginnen Kinder also, zwischen emotionalem Erleben und emotionalem Ausdruck zu unterscheiden, sowie ihren Emotionsausdruck an Situationen anzupassen und strategisch einzusetzen. Kindergartenkinder können diesen Ausdruck verzögern und auch auswählen, wem gegenüber sie welche Emotionen äußern. Im Schulalter lernen sie, das Repertoire von Verhaltensweisen zu meistern, z. B. kontrollieren sie ihre Emotionen vor Gleichaltrigen deutlich häufiger als vor den Eltern oder wenn sie alleine sind. Mädchen können dabei negative Emotionen wirkungsvoller maskieren als Jungen und verbessern sich darin vom vierten bis zum zehnten Lebensjahr deutlich, während diese Veränderung bei Jungen nicht beobachtet werden konnte. Aber nicht nur der Ausdruck kann reguliert werden, sondern auch das Gefühl selbst. Bereits Säuglinge beruhigen sich selbst, indem sie an ihren Fingern oder am Schnuller saugen. Sie können auch dadurch, dass sie ihren Blick ab- und zuwenden, die auf sie einströmende Reizstärke beeinflussen. Kleinkinder vermeiden oder reduzieren emotional belastende Informationen mehr oder weniger wirkungsvoll, indem sie ihre Augen schließen, sich abwenden oder die Ohren zuhalten. Die Strategien im Umgang mit den eigenen Gefühlen sind vielfältig. Manche Kinder leben ihre Gefühle körperlich aus und vollführen beispielsweise einen Luftsprung oder treten gegen einen Eimer, andere wenden ihre Aufmerksamkeit von den erregenden Reizen ab und richten diese auf weniger erregende Reize oder ziehen sich ganz zurück. Manche beginnen, für Außenstehende bisweilen skurril erscheinend, eine Spielhandlung oder ein Selbstgespräch, um sich selbst zu regulieren.

Zwischen dem zweiten und sechsten Lebensjahr übernehmen die zunehmenden sprachlichen und kognitiven Fähigkeiten eine wichtige Kontrolle der Emotionen. Sie werden beispielsweise dazu benutzt, Ereignisse neu zu interpretieren, z. B. „Ich will sowieso nicht mit deinem Fahrrad fahren, das ist mir viel zu klein". Das hört der andere und das hört man zur eigenen Beruhigung selbst. Eine Erziehung zur emotionalen Kompetenz bietet dem Kind erfolgreiche Strategien an, um mit den eigenen Emotionen umgehen zu können. Beispielsweise geben Eltern mit ihrem eigenen Regulationsverhalten dem Kind Modelle vor, wie man Emotionen regulieren, dies dann für sich ausprobieren und übernehmen kann. Oder sie sprechen mit ihrem Kind darüber, wann man welche Gefühle wie erlebt und ausdrückt bzw. ausdrücken sollte, welche Konsequenzen Gefühle nach sich ziehen und wie man Gefühle bei sich und anderen beeinflussen kann. Das so entstehende Emotionswissen kann das Kind für die Regulation der eigenen Gefühle nutzen.

Sprachentwicklung

Die Entwicklung von Sprachverständnis und Sprachproduktion ist im dritten Lebensjahr voll im Gange. Die Geschwindigkeit, mit der sich dieser Prozess vollzieht, variiert dabei von Kind zu Kind stark. Während einige Kinder gegen Ende des dritten Lebensjahres bereits recht gut sprechen können, sind andere noch nicht einmal in der Lage, Zweiwortsätze zu bilden. Die Bezugspersonen müssen die Signale sprachlicher Langsamentwickler genau entschlüsseln – meist über Mimik und Gestik –, damit sie deren Bedürfnisse trotzdem befriedigen können. Von den Erwachsenen nur unzulänglich verstanden zu werden, ist gerade für das Kind im dritten Lebensjahr sehr frustrierend; denn in dieser Phase erkennt es auf Grund seiner voranschreitenden Ich-Entwicklung immer deutlicher, welche individuellen Wünsche und Vorstellungen es hat. Wenn es merkt, dass es sich noch nicht oder nicht eindeutig äußern kann, vermehrt das die Wut und verringert das Selbstwertgefühl. Sprachförderung kostet Zeit. Erwachsene müssen viele Fragen stellen, gut zuhören und eine innere Bereitschaft zur Kommunikation mit dem Kind mitbringen. Das dritte Lebensjahr ist in dieser Hinsicht eine besonders zeitintensive Entwicklungsphase. Für die Sprachentwicklung ist die Kommunikation mit den erwachsenen Bezugspersonen unerlässlich, da diese durch ihre Sprechweise Wortschatz, Grammatik und Sinninhalt vermitteln. Kinder sprechfreudiger Mütter beherrschen mit 20 Monaten ca. 130 Worte mehr als Kleinstkinder mit schweigsameren Bezugspersonen.

Zweijährige haben ein gutes Sprachverständnis. Sie lernen keine isolierten Informationen, sondern erfassen die generelle Bedeutung eines Begriffs. Das eigentliche Kennzeichen von Sprache liegt Piaget zufolge darin, dass die Informationseinheiten der Sprache – Wörter und Sätze – losgelöst von inneren und äußeren Gegebenheiten verwendet werden. Bereits das zweijährige Kind versteht die Präposition „auf" in verschiedenen Zusammenhängen. Es begreift, dass sich die Mütze auf dem Kopf befindet, genauso wie die Kinder auf dem Fest. Zweijährige haben ein Verständnis von Ein- und Mehrzahl, und sie beginnen Kategorien zu bilden, indem sie Zuordnungen auf Grund bestimmter Eigenschaften vornehmen. So gehören sie selbst sowie ihre Geschwister zur Kategorie „Kinder", die Eltern und Großeltern zur Kategorie „Erwachsene".

90 Prozent der Zweieinhalbjährigen sind mit ihrem Sprachverständnis schon so weit, dass sie Doppelaufträge erfüllen können: „Bring bitte der Mama die Zeitung und mach dann die Tür zu." Zu dieser Zeit beginnen Kinder, sich auch untereinander zu unterhalten. Sie sprechen in einfachen Sätzen miteinander und wechseln sich ab, reagieren aber nicht immer direkt inhaltlich aufeinander. Die Äußerungen zu Beginn des dritten Lebensjahres bestehen meist allein aus Substantiven und Verben, dem so genannten *Telegrammstil*. Die Kinder verwenden Eigenschaftswörter kaum und Verben nur in der Infinitivform. In der zweiten Hälfte des dritten Lebensjahres zeigt sich eine Subjekt-Prädikat-Objekt-Struktur und es kommen vereinzelt Nebensätze hinzu. Nun beginnen auch die Übergeneralisierungen grammatikalischer Regeln („Peter esset", „Ich denkte", „viele Mause"), die aber zeigen, dass das zu Grunde liegende Prinzip begriffen wurde. Gegen Ende des dritten Lebensjahres können viele Kinder in zusammenhängenden Sätzen sprechen. Unterhaltungen über vergangene Ereignisse werden möglich. Auffallend ist die beginnende Freude an Reimen und am Geschichtenerzählen.

Zweijährige im Kindergarten

Zweijährige im Kindergarten – das ist eine Neuerung. Ist der Rechtsanspruch aller angemeldeten Dreijährigen auf einen Kindergartenplatz erfüllt, und sind dann noch Plätze frei, können unter bestimmten Voraussetzungen Zweijährige in die Einrichtung aufgenommen werden. Doch was heißt das für die pädagogische Praxis? Werden Kinder heutzutage früher kindergartenreif? Erledigen sie ihre Entwicklungsaufgaben der ersten drei Lebensjahre schneller? Nein, Zweijährige sind auch heute noch zu jung für den Besuch eines „klassischen“ Kindergartens, konzipiert für die Betreuung und Förderung von Kindern zwischen drei und sechs (maximal sieben) Jahren. Soll dieses angestrebte Vorhaben gelingen, muss der Kindergarten sich neu orientieren.

Ein Kindergarten, der Zweijährige aufnimmt, muss so konzipiert und organisiert sein,

- dass die Kleinen von einem vorgezogenen Kindergartenstart profitieren und die Vorteile von gleichaltrigen und älteren Spielpartnern erleben können,
- dass für die drei- bis sechsjährigen Kinder gewährleistet ist, die erreichte Qualität zu halten, Lernanreize und Angebotsniveau sogar zu steigern.

Überschaubarkeit scheint das Zauberwort für den Erfolg dieser Idee zu sein. Überschaubarkeit bezüglich einer festen Eingewöhnungsbezugsperson, bezüglich der individuellen Verweildauer in der Einrichtung, bezüglich der Anzahl der Spielgefährten, der Auswahl an Spielmaterial und der Gestaltung der Räumlichkeiten.

Frühe Betreuung außer Haus kann eine Entwicklungsanregung sein, sie bedeutet aber auch Stress. Um den Stress von Kindern zu messen, genügen Speichelproben zur Bestimmung des Stresshormons Cortisol. Normalerweise verringert sich der Cortisolhaushalt über den Tag nach einem morgendlichen Höchststand zum Nachmittag und Abend hin. Bei Kindern, die in Tageseinrichtungen betreut werden, zeigt sich jedoch entgegen der Regel ein Anstieg des Stresshormons zum Nachmittag hin. Das heißt, die außer Haus betreuten Kinder sind im Laufe des Tages zunehmend mehr gestresst durch den Aufenthalt in Krippe oder Kindergarten. Vor allem Kleinkinder im zweiten und dritten Lebensjahr zeigen sich besonders stressempfindlich gegenüber der außerfamiliären Gruppenbetreuung. Erst im Grundschulalter – mit sieben Jahren – zeigen Kinder außer Haus den normalen Cortisolabfall über den Tag. Besonders gehemmte Krippen- und Kindergartenkinder, denen es schwer fällt, mit anderen Kindern ins Spiel zu kommen, zeigen ein erhöhtes Cortisolniveau, was darauf hindeutet, dass der auslösende Stressfaktor vermutlich die anderen Kinder sind. Wieder einmal ein Hinweis auf die Wichtigkeit von kleinen, überschaubaren Gruppengrößen im Kindergartenalltag.

V. Das vierte Lebensjahr

Mit drei Jahren hat jedes Kind einen Rechtsanspruch auf einen Kindergartenplatz. Der Kindergarten wird für mindestens drei Jahre zum wichtigsten Sozialisationsraum neben der Familie. Entscheidend für das Gelingen dieses Übergangs ist eine elternbegleitete Eingewöhnung. Parallel zum Kindergarteneintritt nimmt das Interesse an Gleichaltrigen deutlich zu, insbesondere gleich denkende Spielpartner gewinnen für Kinder zunehmend an Bedeutung, wobei Kinder immer mehr in der Lage sind, die Perspektive eines anderen einzunehmen. Diese Zeit wird auch als die „magischen Jahre" bezeichnet. Fantastisches Spiel und Realität bilden eine Einheit. Diese findet sich auch in Kinderzeichnungen wieder. Aufgrund der beflügelten Fantasie können in dieser Zeit aber auch vermehrt Ängste auftreten. Ein weiteres wesentliches Merkmal des vierten Lebensjahres ist die Entwicklung der Geschlechtsidentität und das Sauber- und Trockenwerden.

Der Übergang in den Kindergarten

Um sich die Anforderungen überhaupt vorstellen zu können, die an ein Kind gestellt werden, wenn zur Familie der Kindergarten hinzukommt, schärfen wir den Blick zunächst einmal am durchaus üblichen Pensum täglicher Mikro-Übergänge, die ein Kleinkind leisten muss .

Einige Übergänge an einem Tag für ein Kleinkind

- aus dem Schlaf auftauchen und wach werden,
- plötzlich Hunger spüren,
- Pflegemaßnahmen ertragen (Waschen, Anziehen, Ausziehen),
- Aktivitätswechsel erleben und Unterbrechungen ertragen,
- Umgebungswechsel und sich ändernde Geräuschpegel feststellen,
- mit neuen Menschen konfrontiert werden, angesprochen werden,
- Nähe und Distanz regulieren lernen,

- Situationen mit Freiraum und solche mit eindeutigen Grenzen kennen lernen,
- Stimmungswechsel erleben: von „alles in Ordnung" zu „Angst bekommen",
- müde werden, erregt sein, sich langweilen,
- sich nach einem erregten Zustand wieder beruhigen (lassen),
- selbstregulierte Übergänge hinbekommen,
- von einem Moment auf den anderen zu mehreren sein oder allein sein,
- Betreuungswechsel akzeptieren, z. B. zwischen Mama und Papa,
- im Mittelpunkt stehen oder eben eine oder einer unter mehreren sein,
- nach dem Abendritual und Gute-Nacht-Sagen allein einschlafen.

Bei Übergängen handelt es sich um Entwicklungsphasen, in denen tief greifende, anhaltende Veränderungen anstehen, die allesamt mit einer Neuorientierung der beteiligten Beziehungen einhergehen und viel emotionale Kommunikation verlangen. Kinder fordern eher Dauerhaftigkeit und Vorhersagbarkeit, sie haben deshalb ein Recht auf Informationen über Veränderungen und Wechsel sowie Anspruch auf eine zugewandte und kompetente Begleitung während des Übergangs, die zum selbstständigen Erkennen und Handeln anleitet und eigene Gestaltungsmöglichkeiten in der neuen Situation wahrnehmen lässt.

Die Eingewöhnung entscheidet über den Kindergartenerfolg. Heute wird vor dem Hintergrund der frühen Bindungsprozesse *elternbegleitet*, *bezugspersonenorientiert* und *abschiedsbewusst* eingewöhnt. Der Start ist ausschlaggebend. Deshalb kann auf ein mehrstufiges Aufnahmeritual nicht verzichtet werden. Bereits beim Anmeldungsgespräch sollte den Eltern klar werden, dass die Erzieher/innen zwar die familiären Realitäten berücksichtigen, jedoch wichtige pädagogische Grundsätze für die Aufnahme von neuen Kindern in den Kindergarten auch für die Eltern bindend sein müssen. Bei diesem ersten Gespräch – noch detaillierter bei einem Informationselternabend oder vielleicht sogar einem Hausbesuch – muss deutlich gemacht werden, dass die Eingewöhnung nur zusammen mit einer der primären Bezugspersonen (elternbegleitet) gelingen kann. Hierbei wird für jedes Kind eine individuelle Verweildauer in den ersten Tagen festgelegt, ebenso werden die Kriterien für die individuell unterschiedlich lange Eingewöhnung in Anwesenheit eines Elternteils abgesprochen. Alle Eltern müssen verstehen, wie wichtig ein liebevoller, aber eindeutiger Abschied mit pünktlicher Rückkehr und wie gefährlich ein heimliches Davonschleichen ist. Bezugspersonenorientiert eingewöhnen bedeutet, dass jedes neu aufzunehmende Kind einer festen Bezugserzieherin zugeordnet wird, damit sich zwischen den beiden eine tragfähige Beziehung entwickeln kann. Und wieder ist das Team gefragt, denn die Erzieherin, die eingewöhnt, sollte weitgehend von anderen Aufgaben freigestellt sein. Ihre Arbeitszeit sollte so gelegt werden, dass sie mit Sicherheit bei der morgendlichen Ankunft „ihres" neuen Kindes da ist.

Ein guter Start

Einige Starterleichterungen sind bekannt. So sollte der Kindergartenbesuch nie zeitgleich mit dem Wiedereinstieg der Mutter in den Beruf beginnen. Einige Landesjugendämter haben die Bedeutung dieser Forderung erkannt und unterstützen durch ein vereinfachtes Betriebserlaubnisverfahren die vorzeitige Aufnahme von einzelnen Kindern ab zwei Jahre und neun Monate in den Kindergarten. Wichtig ist auch, dass eine familiäre Bezugsperson, die dem Kind nahe ist, es aber auch loslassen kann und zur Entscheidung für eine stundenweise Außerhausbetreuung steht, das Kind eingewöhnt. Nicht immer ist die Mutter die geeignete Person. Erklären Sie den Eltern, warum erzwungene Versprechungen nichts nützen: „Wenn du nicht weinst, dann machen wir heute Abend etwas Tolles!" bringt nichts; das Kind lernt nur, den Tag durchzustehen, aber nicht, sich trösten zu lassen und mithilfe der Erzieherin ins Geschehen einzusteigen. Wirklich im Kindergarten „angekommen" ist ein Kind,

- das gern und freiwillig in die Einrichtung kommt,
- das nicht mehr beim oder nach dem Abschied von der Mutter weint oder sich von der Erzieherin schnell trösten lässt,
- das der Erzieherin spontan etwas zeigt, sie etwas fragt oder von ihr Trost erwartet,
- das oft Freude zeigt und lacht,
- das auf andere Kinder zugeht und mitspielt
- und sich mit ihnen auseinander setzt, denn nur um das, was einem wichtig ist, wird „gekämpft".

Die Entwicklung der Motorik

Das dreijährige Kind zeigt beim Laufen immer größere Anpassungsleistungen ans Gelände und Geschwindigkeitsunterschiede: Es geht langsam und schnell, macht kleine und große Schritte, wechselt seine Gangart, dreht und beugt seinen Körper bei Bedarf und bewegt seine Schultern unabhängig voneinander. Die Entwicklung der Motorik beschleunigt sich ab dem dritten bis vierten Lebensjahr. Ein vierjähriges Kindergartenkind erwirbt nach und nach die gleichen motorischen Fähigkeiten wie ältere Kinder und Erwachsene. Voraussetzung dafür ist, dass die wichtigsten Bewegungsabläufe automatisiert und gezielt – abhängig von der jeweiligen Situation – eingesetzt werden können (adaptive Variabilität). Fehlen dem Kleinkind diese Fähigkeiten, wirken seine Bewegungen plump und unbeholfen. Diese motorische Intelligenz ist gleichzeitig eine Voraussetzung für seine weitere kognitive Entwicklung im Kindergarten- und Schulalter. Bewegungsfreude ist ein Entwicklungsimpuls und braucht Ermunterung. Motiviert durch die Funktionslust, den inneren, sich selbst belohnenden Antrieb, eine motorische Fähigkeit durch Üben immer besser zu beherrschen, wird das Funktionsspiel des Kindes immer komplexer. Es dreht sich um die eigene Achse, läuft und springt und versucht, Dreirad zu fahren und auf Bäume zu klettern.

Natürlich ist Bewegung auch mit Gefahren verbunden, vor denen gewarnt werden muss. Doch wie lernen Kinder, mit Risiken umzugehen? Und wie sieht die richtige Unterstützung bei motorischen Aktivitäten aus? Achtet man auf die Kommentare Erwachsener zu kindlichen Aktionen, so fallen viele unglückliche Formulierungen auf: Fall nicht hin! Stolpere nicht! Du wirst gleich stürzen und dir wehtun! So weit kannst du nicht springen! Wehe, du fällst rein! …

Weil es einem Menschen unmöglich ist, nicht an etwas zu denken, was ihm zuvor als Gedankenbild angeboten wurde, lassen diese Formulierungen sofort einen Sturz, Schmerzen oder Strafe vor dem geistigen Auge eines Kindes erscheinen. Es konzentriert sich aufs Fallen, wird verzagt und gerät ins Wanken … Die Angst der Erwachsenen, dass etwas schief geht, steht an erster Stelle und lenkt die Aufmerksamkeit auf das, was auf keinen Fall eintreten soll. Wenn sich Kinder voll Mut und Neugier an neue Bewegungsgrenzen herantasten, ist Aufmerksamkeit angesagt – aber eine auf Machbarkeit und Ziel gerichtete. Kommentare können nötig werden, aber nur als positive Formulierungen: Worauf sich konzentrieren, wo und wie festhalten, wie muss der nächste Schritt aussehen? Die Kommentare sollen (wenn nötig) auf Gefahren aufmerksam machen und (wenn möglich) unterstützen und bestärken: Achte besonders auf die scharfen Kanten am Fels! Etwas langsamer, hier ist es sehr steil! Nimm doch den großen Stein als Zwischenstation! …

Sprachentwicklung

Mit zwei und drei Jahren bilden die Kinder nur einfache Laute. Mit vier Jahren treten Lautverbindungen mit b, m, n, d, f und w auf. Die größten Schwierigkeiten machen Sprachmuster mit g, k, s und sch. So werden beispielsweise Flasche, Fleisch und Fisch zu Schlaffe, Schleif und Schiff. Die meisten Kinder beherrschen diese Lautverbindungen erst im fünften Lebensjahr. Die Konjugation von Verben sowie die verschiedenen Zeitformen beginnen Kinder zwischen dem dritten und fünften Lebensjahr anzuwenden. Unregelmäßige Verben gehören noch nicht zum Repertoire, z. B. „Dann sind wir in den Zoo gegeht", „Matthias ist mit dem Dreirad gefahrt", „Sabine hat Nudeln geesst".

Auch mit Mengen kann ein Kind jetzt umgehen, es benutzt Begriffe wie viele, wenige, mehr, ein bisschen mehr. Besonders spannend sind die immer deutlicher werdenden Zeitvorstellungen. Etwa im vierten Lebensjahr verstehen Kinder, was „gestern" und „morgen" bedeuten. Aber was für einen Unterschied es macht, ob die Mutter in einer Stunde oder in drei Stunden wieder da ist, begreifen sie noch nicht. Kausalitäten, also ursächliche Zusammenhänge, spielen eine zunehmende Rolle. Das Frage-Alter beginnt. Kinder geben sich nicht zufrieden und stellen mehr Wieso-, Weshalb-, Warum-Fragen, als es für das Verständnis des jeweiligen Zusammenhangs nötig wäre. Es geht ihnen darum, sich Gewissheit zu verschaffen, damit sie das Gelernte langfristig speichern können, und es geht um die Erfahrung, ob jemand ansprechbar und bereit ist, Auskunft zu geben. Mädchen sind auf jeder Altersstufe in der Sprachentwicklung und in verbalen Kommunikationstechniken etwas weiter als Jungen.

Die Kraft des Dialogs erleben

Antworten auf sich selbst gestellte innere Fragen werden jetzt wichtig. „Wie wurde ich heute Morgen im Kindergarten begrüßt?“ „Wie oft habe ich heute schon meinen Namen gehört?“ „Interessiert sich meine Mama, meine Erzieherin für das, was ich mache? Nimmt Papa mich wahr?“

Auf den vielfältigen Wegen der Kommunikation im Beziehungsnetz findet Erziehung statt, aber nicht nur das: hier werden Schutzfaktoren aktiviert. Wichtige, da nicht austauschbare Bestandteile sind die im Beziehungsgeschehen fest verankerten Interaktionserfahrungen, Rituale des täglichen Miteinanders, die durch ihre Vorhersagbarkeit und Zuverlässigkeit zur sicher machenden Erfahrung werden können. Diese Erfahrungen, die tagtäglich Ordnung schaffen, erlauben es Kindern ihre Welt zu erkunden, sie zu verstehen, sie zu strukturieren und ihren Platz darin zu finden.

Der Ausgang jedes Interaktionserlebnisses zwischen einem Erwachsenen und einem ihm anvertrauten Kind beeinflusst dessen Selbstwert und seine Lust auf die Welt.

Die Kommunikationsforschung zeigt, dass es immer – zu Hause, im Kindergarten – darum geht,

- wie sich das Kind nach einer Interaktion mit einem Erwachsenen von diesem trennt (durfte alles angesprochen werden, wurde niemand verletzt?),
- welches Gefühl das gemeinsame Gespräch oder Handeln bei ihm zurücklässt, (wieder alles in Ordnung? Jetzt bin ich ein Stück weiter!),
- wie es anstehende Aufgaben einschätzt, (ich probier es, ich halt es für machbar, kann mir ja Hilfe holen, er/sie traut es mir auf alle Fälle zu!),
- wie es das nächste Mal wieder auf den Erwachsenen zugehen kann (ohne Bedenken, da bin ich wieder, ich brauche dich, dir will ich etwas zeigen!)
- und was es von ihm erwartet (Beruhigung, Schutz, Trost, Anregung, Ermutigung, Bestätigung, eine gute Idee, um weitermachen zu können!).

Einige wichtige Rituale, die im Kindergartenalltag erlebt werden sollten:

Habe ich dir heute schon gezeigt, dass du wichtig bist? Die Erzieherin freut sich, dass es einem Kind gut geht. Das Kind spürt, dass ihr sein Wohlbefinden wichtig ist. Sie verfolgt seine Explorationsversuche mit Interesse und bestätigender Unterstützung. Was hier langfristig wirkt, ist die hoffentlich häufig gemachte Erfahrung, jemand möchte, dass es mir gut geht und interessiert sich für mich und meine Aktivitäten.

Darf ich mit Freude lernen? Dieses Gefühl stellt sich immer ein, wenn ein Kind nach vorangegangener Anstrengung den belohnenden Effekt eigener Entdeckungen und kreativer Gestaltung spürt. Jedes Kind ist wissbegierig, will immer mehr begreifen. Beim Spielen lernt es Zusammenhänge verstehen, seine Beteiligung an den Geschehnissen rundherum und seine Möglichkeiten, gezielt Einfluss zu nehmen. Ganz früh spürt es schon seinen aktiven Part im Leben. Nicht *mit ihm* geschieht etwas, sondern *durch es* passiert etwas. Die Freiheit, d. h. die Erlaubnis und die Chance zu haben, den Dingen auf den Grund zu gehen, ist für die Entfaltung vorhandener Entwicklungspotenzen in jedem Kindesalter maßgeblich. Erkunden, Spielen und fantasievolles Gestalten lassen Urheberschaft und Wirksamkeit erleben.

Darf ich dir meinen Erfahrungsvorsprung zur Verfügung stellen? Wie können Kinder vom Erfahrungsvorsprung Erwachsener tatsächlich profitieren? Erwachsene sollten das Aktionsfeld eines Kindes so gestalten, dass dieses möglichst viele Erfahrungen selbst machen kann. Kommt ein Kind in eine Sackgasse, aus der es selbst nicht herausfindet, ist die Erfahrung Erwachsener gefragt, nicht beim Lösen des Problems, sondern beim Schaffen von neuen Voraussetzungen, die das Kind befähigen, weiterzumachen, vielleicht auch über seinen Schatten zu springen und sein Problem selbst zu lösen. In vielfältigen Kontexten immer wieder feinfühlig reagierende Bezugspersonen erleben zu dürfen, lässt das Kind situationsübergreifend die höchst beruhigende Erfahrung machen, dass und sogar wie man der Umwelt aktiv begegnen, diese sogar bei Bedarf nach seinen Wünschen beeinflussen kann. Dieses Wissen schützt vor Hilflosigkeit und Ohnmacht und lässt nach Lösungen suchen.

Wie geht man bei Stress miteinander um? Welche Interaktionsabläufe haben sich „in Not“ eingespielt? Der Umgang mit dem gestressten, dem bedürftigen Kind stellt die Beziehungsweichen. Wer in Not Unterstützung erfährt, bewältigt Stress mit weniger Belastung; das hat Einfluss auf Aktivitätsniveau und Wissensdurst. Wer bei Belastung Halt erlebt hat, hat später eher Ideen für konstruktive Lösungen eines Problems. Ausschlaggebend ist, dass bei jeder Beunruhigung, Angst oder Schmerz die Erfahrung gemacht wird: Krisen sind überstehbar und bewältigbar.

Tägliche Rituale ermutigen zum Weitergehen und Weiterdenken. Rituale ordnen unsere Erfahrungen, sie ermöglichen uns Selbstvergewisserung und Zugehörigkeitsgefühle. Vergleichbar einer sicheren Bindung, die angstfreies Explorieren ermöglicht, liefern Rituale den Freiraum, um bestärkt Neues in Angriff zu nehmen und sich vielseitig zu erproben.

Sauber- und Trockenwerden

Um Darm und Blase kontrollieren zu können, muss jedes Kind ein bestimmtes Entwicklungsstadium erreicht haben. Die hierfür nötigen körperlichen Voraussetzungen müssen zuerst ausreifen. Dieser Teil des Sauberwerdens kann nicht „von außen“ beschleunigt werden. Ermunterungen oder gar Strafen helfen nicht. Eltern sollten erst dann aktiv werden, wenn ein Kind so weit ist, dass es im Nachhinein meldet: „Jetzt habe ich Pipi (oder Stinker) gemacht.“ Dann sollte ein Lob folgen. Vor allem darf die Leistung nicht durch negative Kommentare – „Das hättest du aber vorher sagen können!“ – abgewertet werden. Von nun an lohnt es sich, das Töpfchen oder einen Toilettengang anzubieten, sobald das Kind Anzeichen von Harndrang oder Darmtätigkeit zeigt. Das kann mit 18, mit 24, aber auch erst mit 36 Monaten sein. Dabei sollte man jeglichen Zwang vermeiden.

Durch Erklärungen und vor allem durch Nachmachen lernen Kinder, wann man am besten zur Toilette geht, wie viel Zeit man einkalkulieren muss, damit es noch rechtzeitig ist, wo und wie man den passenden Ort findet und was man dort machen muss. Im Durchschnitt werden Kinder heute tagsüber mit 28 Monaten, nachts mit 33 Monaten trocken. Deshalb sind noch keineswegs alle Kinder trocken, wenn sie in den Kindergarten kommen. Das ist kein Problem, denn am schnellsten schaffen sie es zwischen vielen Kindern, die wie selbstverständlich regelmäßig zur Toilette gehen. In den Waschräumen der Kindergärten soll eine positive Atmosphäre herrschen, ein Toilettengang ist ein „sozialer Akt“, bei dem man viel lernt, aber auch Hilfsbereitschaft erlebt und bald selbst „den Kleinen“ helfen kann. Diese positive Lernatmosphäre braucht einen pädagogischen Schutzrahmen. So ist es ungünstig, die ganze Gruppe vor einer neuen Aktion „noch schnell aufs Klo“ zu schicken, während die Erzieher/innen ein Angebot vorbereiten. In diesem unüberschaubaren Trubel kommt Hektik auf, die einzelne Kinder ängstigt und eine Entleerung hemmt. Gerade für die Kleinen, die Toilettengewohnheiten erst erlernen, sollte das stille Örtchen wirklich still und friedlich sein (Haug-Schnabel 2002).

Körperbewusstsein und Geschlechtsidentität

Kinder können durchschnittlich mit zweieinhalb Jahren das Geschlecht bei anderen und mit etwa drei Jahren das eigene Geschlecht bestimmen, wobei Erwachsene besser zugeordnet werden können. Das frühe Bewusstsein für das eigene Geschlecht fällt Jungen leichter, da sie voll Stolz ihr Genital zur Schau stellen und beim Pinkeln im Stehen den Vater imitieren. Sie ernten lächelnde Gesichter, bestätigende Blicke und anerkennende Worte. Damit ist bei Mädchen kaum zu rechnen, wenn sie aus der identischen Zeigelust heraus ihr Röckchen heben, um andeutungsweise ihre Scheide zeigen zu können. Betroffene Gesichter, dezente Abwehr, klare Verbote oder spezielle Kleiderordnung weisen ein Mädchen früh in seine Körperschranken.

Die richtige Zuordnung des Geschlechts ist der erste Schritt zur Geschlechtsidentität. Die Entwicklung ist jedoch noch nicht abgeschlossen. Dreijährige wissen zwar schon ziemlich genau, ob sie ein Junge oder ein Mädchen sind, aber viele Vierjährige wissen noch nicht, dass die Geschlechtsidentität ein Merkmal ist, das sich nie ändern wird. Kinder im Kindergartenalter gehen oft von der Annahme aus, das Geschlecht verändern zu können, indem sie die äußere Erscheinung ändern, ihre Haare abschneiden oder einen Rock anziehen. Was sie aber schon ganz genau spüren, ist, dass sich Mädchen im Spiel immer mehr zu Mädchen hingezogen fühlen, und Jungen immer eindeutiger Jungen als Spielkameraden bevorzugen. Die gleichen Interessen, die jeweils eigene Art, miteinander umzugehen und Spielgruppen zu gestalten, geben für diese selbst initiierte Gruppentrennung den Ausschlag.

Das Spiel mit Gleichaltrigen

Im Alter zwischen drei und fünf Jahren werden die gleichaltrigen Spielkameraden immer wichtiger, sie laufen sogar den Erwachsenen, die ihnen bisher immer vorgezogen wurden, den Rang ab. Die Sprachfähigkeit erlaubt nun eine echte Verständigung. Gemeinsam wird geplant, organisiert, besprochen, entschieden. Abläufe werden kommentiert, und bei Misserfolgen wird beratschlagt. Es entstehen Teams, man lernt sich einzugliedern, und bald kristallisieren sich Spezialisten heraus, die irgendetwas besonders gut können und deshalb auch oft gefragt sind. Die kindliche Vorstellung von der Zukunft reicht nun aus, um Projekte zu planen, deren Durchführung sich über mehrere Tage erstreckt. Auch neu in dieser Phase: Mehrere Kinder arbeiten an einem gemeinsamen Vorhaben.

Im Rahmen des Konstruktionsspiels beginnt das Kind, größere und komplizierte Gebilde zu bauen und mit Knetmasse geplante Objekte zu formen. Die meisten Kinder greifen nun von sich aus zu Schere und anderen Hilfsmitteln, um mehr Gestaltungsmöglichkeiten zu haben. Auf beeindruckende Weise regen eifrig tätige Mitspieler zum Selbst-Ausprobieren an. Das Symbolspiel wird zunehmend fantastischer. Alltagssituationen werden immer seltener nachgeahmt. Das *Rollenspiel*, das heißt, das Zusammenspiel mit mehreren Kindern, die fiktive Rollen einnehmen, beginnt. Während das kooperative Rollenspiel bei Dreijährigen noch kaum zu finden ist, zeigen es normalerweise bereits alle Vierjährigen. Die Dauer dieser fiktiven Spiele nimmt im Alter von vier bis fünf Jahren deutlich zu. Das Rollenspiel erfordert von den Teilnehmern höhere soziale und kognitive Fähigkeiten. Für eine gewisse Zeit muss ein gemeinsam abgesprochenes Handeln koordiniert und aufrechterhalten werden. Das Rollenspiel hilft dem Kind, seine Wünsche und Ängste auszudrücken, seine Erlebnisse, Erwartungen und Erfahrungen zu verarbeiten. Es bietet ihm die Chance, durch die Übernahme einer überlegenen Position eigene Ängste für kurze Zeit abmildern zu können. Durch das Hineinschlüpfen in fremde Rollen erlebt es – über den Vorgang der Identifikation – die mit der Rolle verbundenen Gefühle. Dadurch kann es auch lernen, sich in andere Personen hineinzuversetzen. Mit der Übernahme verschiedener Rollen übt es somit auch sein Sozialverhalten.

Regelspiel

Die beginnende Gruppenfähigkeit und die Entwicklung des anschaulichen Denkens sind die Voraussetzungen für die zuletzt auftauchende Grundform des Spiels: das Regelspiel. Hierbei handelt es sich um ein soziales Spiel, bei dem nach festgelegten Regeln gehandelt wird, die unbedingt eingehalten werden müssen und die zugleich den Reiz des Spiels ausmachen. Meist sind Regelspiele Wettkampfspiele (Fangen, Verstecken, Hüpfspiele mit dem Seil), deren Wettbewerbscharakter mit zunehmendem Alter eine immer größere Rolle spielt (Sportspiele, Brettspiele, Gesellschaftsspiele). Da es beim Regelspiel meist auch Sieger und Verlierer gibt, setzt bald auch ein Vergleich der Leistung mit anderen Kindern ein. Mit etwa dreieinhalb Jahren erwacht beim Kind die Leistungsmotivation. Es erkennt z. B. beim Memory-Spiel, dass es darauf ankommt, zu gewinnen, und möchte Sieger sein. Misserfolge zu verkraften ist nicht einfach. Viele Kinder brechen mitunter das Spiel ab, leugnen, dass sie verloren haben, schieben die Schuld auf äußere Umstände oder weisen darauf hin, dass sie aber andere Dinge gut können. Im fünften Lebensjahr spielt das Kind bereits gern in kleinen Gruppen und fängt an, sich vorgegebenen Spielregeln unterzuordnen. Es rechnet zwar mit der Möglichkeit zu verlieren, die Niederlage ist für das Kind aber immer noch eine große emotionale Belastung.

In der Mitte des vierten Lebensjahres taucht beim gemeinsamen Spiel der Kinder eine neue Form der Kommunikation auf. Dabei wird in zunehmend komplexerem Maße vereinbart, was gespielt werden soll, wie die nächsten Schritte aussehen sollen, bis hin zu drehbuchartigen Regieanweisungen für das gemeinsame Rollenspiel. Selbst Absprachen über die Form des Sprechens werden während des Spiels getroffen. Diese Kommunikation über Kommunikation(sformen) wird als *Metakommunikation* bezeichnet und bezieht den Mitspieler immer mehr in die eigene Gedankenwelt ein.

Formen der Metakommunikation beim Sozialspiel von Kindern (aus Oerter & Montada 2002):

- *Ausagieren:* Während der Spielhandlung selbst wird mitgeteilt, was man gerade spielt.
- *Versteckte Kommunikation:* Sie wird absichtlich im Spiel hervorgehoben, ohne explizit auf eine Vereinbarung hinzuweisen. So versucht die Schwester den jüngeren Bruder in einem Friseurspiel zum Mitspielen zu veranlassen, indem sie ihn erinnert: „Sie sind zum Friseur gekommen oder nicht?"
- *Unterstreichen:* Eine Handlung wird verbal kommentiert oder beschrieben. Im Friseurspiel sagt das Mädchen, während es die Kundin kämmt: „Ich kämme Sie jetzt schön."
- *Geschichten erzählen:* Ein Handlungsvorgang wird mehr erzählt als ausagiert, wobei das Kind oft in eine Art Singsang verfällt. Ein Mädchen sagt zu seiner Mutter: „Ich reise jetzt nach Griechenland zu meinem Freund" und läuft dabei in die andere Ecke des Zimmers.
- *Vorsagen:* Ein Spieler bricht aus dem Spielrahmen aus und teilt dem Partner mit veränderter Stimme etwas mit. In einem Verkaufsspiel sagt die Verkäuferin zur Kundin: „Du musst jetzt zahlen!"
- *Implizite Spielgestaltung:* Durch Äußerungen wird der Spielrahmen näher bestimmt, ohne dass das Spiel explizit vereinbart wird. Im obi-

gen Friseurspiel erklärt das Mädchen: „Ich bin der Friseur!“, der kleine Bruder dagegen: „Nee, ich!“

- *Explizite Spielgestaltung:* Nun werden explizite Spielvorschläge gemacht mit Formulierungen wie: „Wir spielen jetzt ...“ oder „Jetzt tun wir so, als ob ...“

Kinderzeichnungen als Form der Mitteilung

Sobald Kinder Papier und Stift oder Vergleichbares in die Hand bekommen, beginnen sie zu malen. Wer häufig andere in seiner Umgebung malen sieht und freien Zugang zu Malmaterialien hat, fängt früher an, dieses ursprüngliche Ausdrucksmittel zu nutzen, und erkennt blitzschnell, was alles Spuren auf glatten Oberflächen hinterlässt. Zuerst malt man für sich, dann auch, um anderen etwas mitzuteilen, mit ihnen ins Gespräch zu kommen. Jedes Malen steht in einem Sinnzusammenhang, meist auch in einem bestimmten Entstehungskontext. So hat jedes Bild seinen eigenen Ausdrucks- und Erzählwert. Für sich allein malt ein Kind anders und anderes als mit Kameraden am Maltisch, nachdem eine Geschichte erzählt worden ist. Eine Idee wandert dann schnell um den Tisch auf jedes Blatt.

Kinder versetzen sich mit Bildern in eine Fantasiewelt. Im Kopf ist eine Idee, was und wie etwas gezeichnet werden soll. „Mal doch noch einige Leute dazu, und außerdem fehlen auf dem Bild noch Bäume!“ ist ein schlechter Rat. Denn mehr Leute und einen Wald hat das Kind eben nicht gesehen und deshalb auch nicht malen wollen. Experten warnen davor, Kinderzeichnungen nach von außen angelegten Schemata zu bewerten. *Eine* Zeichnung ist *eine* Mitteilung, für sich allein sicher nicht zur Diagnose geeignet. Um Ängste und Bedürfnisse herauslesen zu können, bedarf es mehrerer Signale seitens des Kindes und einer genaueren Analyse seitens kinderpsychiatrischer Fachleute.

Das Malen und Zeichnen folgt über die Jahre keiner starren Entwicklung, auch in diesem Bereich durchläuft jedes Kind seine individuelle Entwicklung. Ab wann einer Abbildung Absicht unterstellt werden kann und wann es sich „nur“ um Freude über ein zufällig entstandenes Gebilde handelt, ist nicht immer entscheidbar. Aussagefähige Altersangaben für bestimmte Merkmale der Kinderzeichnung zu machen, ist nahezu unmöglich, da sich schon kaum beantworten lässt, was „normal" ist. Der Anregungsgehalt der Umgebung und malende Vorbilder haben weit größeren Einfluss auf Malhäufigkeit und Differenziertheit als das Alter. Säuglinge blicken mitunter verzückt den Schmierspuren ihrer beschmutzten Finger auf glatten Oberflächen nach. Wann diese Kinder dann selbst aktiv werden, ist nicht vorhersagbar. Gerade Linien, vor allem in der Senkrechten, markieren für viele den Malstart um den zweiten Geburtstag, dann kann die Linie folgen, die häufig eine Bewegungsspur darstellt. Was jetzt kommt, nennen unwissende Erwachsene „Kritzelbilder"; diese werden jedoch vom Kind mit Sinn unterlegt. Der geschlossene Kreis geht den so genannten Kopffüßlern voraus – eine frühe Form der Menschenzeichnung, bei der die Beine direkt am Kopf beginnen. Nicht jedes Kind malt Kopffüßler, viele überspringen diese Phase. Im vierten Lebensjahr bringen manche Kinder bereits Bilder mit angedeuteter Perspektive zu Stande, während Gleichaltrige noch undifferenzierte Kopffüßler zeichnen. Im fünften Lebensjahr folgen Menschen, Tiere, Pflanzen, Häuser – meist im „Röntgenblick", also durch die Hauswand ins Innere – und bleiben unterschiedlich lang aktuell (Krenz 2002, Schuster 2001).

1

2

Abb. 6:
1) Drei Kopffüßler, gemalt von einem 3,5-jährigen Mädchen
2) Männchen, gemalt von einem 4,5-jährigen Jungen

Kognitive und emotionale Perspektivenübernahme

Zwischen drei und fünf Jahren findet ein deutlicher Entwicklungssprung beim Kind statt, in Bezug auf seine Fähigkeit, die geistige Perspektive eines anderen einzunehmen (kognitive Perspektivenübernahme). Es ist zunehmend mehr in der Lage, sich von seinem eigenen Wissensstand zu lösen und diesen nicht mehr automatisch einer anderen Person zu unterstellen, sondern dieser eine eigene Sicht der Dinge zuzugestehen, aus der heraus sie eine Situation vielleicht auch anders als man selbst beurteilt.

„Papa, was fällt dir ein, wenn du an letzten Sonntag denkst?", fragt ein gerade vierjähriges Mädchen seinen Vater und ist höchst verblüfft, dass er an die herrliche Wanderung denkt, während ihr die leckeren Pommes frites einfallen, die es an der Raststätte auf der Heimfahrt gab. Ein Beispiel für kognitive Perspektivenübernahme, mit der von jetzt ab gearbeitet wird. Die eigenen mentalen Aktivitäten werden mit denen anderer Menschen in Beziehung gesetzt. Kindergartenkinder akzeptieren bei ihren Interaktionspartnern eigene Bewusstseinsvorgänge. Sie verstehen, dass ihre Bewusstseinsinhalte das Ergebnis von Denkvorgängen und Wahrnehmungsakten sind und deshalb beim Vergleich mit den Vorstellungen anderer Menschen individuelle Unterschiede und Fehlannahmen auf Grund eines Informationsdefizits auftreten können (*theory of mind*).

Um diesen Entwicklungssprung festzustellen, nutzt man die so genannte *False-belief-Aufgabe* („falsche Annahme"). Dabei werden Kinder mit einer Geschichte konfrontiert, bei der sie als Zuhörer mehr Informationen zur Verfügung haben als das Kind, das innerhalb der Geschichte kurzfristig die Szenerie verlässt und nach seiner Rückkehr einen Gegenstand wieder finden muss (siehe Abb. 7).

Erst ältere Kindergartenkinder verstehen, dass das Kind in der Geschichte nicht wissen kann, was nur sie selbst als Kenner der vollständigen Geschichte wissen können. Übrigens ein klassisches Moment der Interaktion von Puppenfiguren mit kindlichen Zuschauern im Kasperletheater. Dieses Sich-Hineinversetzen-Können in die Gedankenwelt eines anderen Menschen scheint sich bei Kindern aus größeren Familien schneller auszubilden als bei Kindern, die weniger Gelegenheit zur Inter-

Abb. 7: False-belief-Aufgabe: Bildergeschichte zur Überprüfung der Fähigkeit von Kindern zur kognitiven Perspektivenübernahme (nach Petermann u. a. 2004).

aktion mit Geschwistern hatten. Schritt für Schritt entwickeln Kinder im Kindergartenalter eine bessere Vorstellung davon, was andere Menschen denken, und erreichen mit Beginn des Schulalters bereits eine sehr gut entwickelte „theory of mind". Damit sind sie auch in der Lage, zu lügen und zu täuschen.

Eine weitere Form des Sich-Hineinversetzens in andere ist die so genannte emotionale Perspektivenübernahme. Dabei geht es um das Verstehen dessen, was ein anderer momentan fühlt, auf Grund der Situation, in der dieser sich gerade befindet. Die Gefühle werden dabei nicht nachempfunden, sondern gedanklich erschlossen; es handelt sich dabei also nicht mehr nur um Empathie. Meist wird zum Testen dieser Fähigkeit den Kindern eine Bilderserie vorgelegt, bei der sie beurteilen müssen, wie sich die dargestellten Personen jetzt wohl gerade fühlen. Zwischen dem dritten und sechsten Lebensjahr finden die wichtigsten Entwicklungen in der Differenzierung von Emotionen und den jeweiligen Auslösebedingungen statt – und damit auch eine zunehmende Verbesserung der emotionalen Perspektivenübernahme.

Die magischen Jahre

In dieser Entwicklungsphase erlebt das Fantasie- oder Fiktionsspiel seinen ersten Höhepunkt; ein Grund, weshalb Kinder nun nach gleich denkenden Spielkameraden suchen und mit ihnen soziale Fantasiespiele – also Rollenspiele – spielen. Man bezeichnet diese Zeit als die „magischen Jahre". Fantastisches Spiel und Realität, Gedanken und Taten scheinen in dieser Zeit dasselbe zu sein und bruchlos ineinander übergehen zu können. Ob die Kinder sie nicht immer unterscheiden wollen oder sie tatsächlich mitunter nicht unterscheiden können, wissen wir immer noch nicht genau. Das scheint nicht nur von Kind zu Kind, sondern sogar von Situation zu Situation unterschiedlich zu sein. Aber einige Dinge sind klar: Piaget unterstellte Kindern im Kindergartenalter, dass sie nicht in der Lage seien, Gegenstände von Lebewesen zu unterscheiden, da sie nur über ein sehr eingeschränktes bereichsübergreifendes Kausalverständnis verfügten. Dies verführe sie zu einem animistischen Denken, also dazu, Gegenstände als belebt zu betrachten. Wie schon im

Kapitel zum Säuglingsalter erwähnt, belegen neue Forschungen, dass bereits Kinder mit sieben bis neun Monaten Tiere von Gegenständen unterscheiden können und im Alter von neun bis elf Monaten sogar Tiere von Menschen.

Den Kindern fehlt es an bereichsspezifischem Wissen, deshalb neigen sie zu Antworten, die den Eindruck erwecken, als würden sie die unbelebte Welt als belebt betrachten, sodass sie etwas Reales und Aktives, wie z. B. die Sonne oder ein Auto, zu Lebendem zählen. Wir dürfen daraus aber nicht schließen, dass die Kinder glauben, die Sonne wäre genauso ein Lebewesen wie ein lebender Mensch.

Piaget glaubte nicht, dass Kindergartenkinder in der Lage sind, zwischen Traum und Wirklichkeit zu unterscheiden. Doch bereits Dreijährige können eindeutig zwischen physischer und geistiger Welt unterscheiden, was sie aber nicht daran hindert, im Spiel ihren Gruppenraum als Piratenschiff zu sehen und dort so zu kämpfen, als wären sie Piraten.

Wenn man Kindergartenkinder mit den richtigen Methoden untersucht, beschreiben sie unbelebte Objekte nicht unsachgemäß und keineswegs so, wie belebte Objekte. So wiesen Kinder im Versuch Objekten keine typisch menschlichen Merkmale zu; sie glaubten also beispielsweise nicht, dass Gegenstände die Fähigkeit haben, Schmerz zu fühlen, etwas zu wünschen, eine Handlung absichtsvoll auszuführen. Animistische Deutungen sind besonders bei bekannten Objekten selten. Dort, wo noch kein exaktes Wissen vorliegt, formuliert das Kind Hypothesen mit Anteilen seiner intuitiven Physik und vor allem Psychologie. So erklärt es mangels meteorologischer Kenntnisse den Donner damit, dass dieser Menschen erschrecken soll, damit sie ins Haus gehen, weil es bei Gewitter im Freien zu gefährlich ist. Gleichzeitig kann es einen Sonnenaufgang dank regelmäßiger Besuche im Planetarium durchaus korrekt damit erklären, dass sich der Teil der Erde, auf dem das Kind lebt, nun wieder der Sonne zugedreht hat.

Kinder sehen Objekte nicht unbedingt als lebendig an, was für sie aber keineswegs im Widerspruch dazu steht, folgende Sätze zu formulieren: „Ich muss mal den Schrank fragen, welches Bilderbuch ich anschauen soll, er hat immer die besten Ideen“ oder „Mein Pausenbrot hat zu mir gesagt, iss mich lieber nicht, ich schmecke nicht gut!“ Hierin eine listige Strategie zu sehen, die Verantwortung zu delegieren, ist weit nahe liegender, als den Animismus zu bemühen.

Fantasie und Ängste

Gespenster, Hexen, Zauberer und Dinosaurier sind Wegbegleiter des kindlichen Spiels. Die so reiche Fantasie hat nicht nur positive und beflügelnde Folgen. Im Alter zwischen zwei und fünf Jahren kommen große Ängste auf, die Kinder an Gespenstern, Drachen, Hexen und der Dunkelheit festzumachen versuchen. Papa und Mama stehen nicht mehr in jeder Situation hilfreich zur Seite, man ist recht oft allein und auf sich gestellt. Häufig kommt es zu Meinungsverschiedenheiten, Auseinandersetzungen und Kämpfen mit anderen Kindern. Man kann schon viel, aber nicht alles. Die eigenen Möglichkeiten, aber auch die eigenen Grenzen werden immer realistischer gesehen.

Starke, gefährliche Gesellen zum Fürchten gehören in die Fantasiewelt des Kindes. Es fürchtet sich vor ihnen, doch andererseits träumt es davon, sie gezähmt und seinem Willen unterstellt zu haben. Hinter all dem stecken Verlassenheitsängste, Verlustängste und Versagensängste. Um diese Ängste fassbarer zu machen, werden sie mit Zähnen, Krallen, feurigen Augen und einer unheimlichen Größe versehen. Man muss seinen Feind kennen, um mit der Angst umgehen zu lernen – ja sogar mitunter mit den Ängsten spielen und beispielsweise beim Gruseln Angst in Lust verwandeln.

Im Alter zwischen 5 und 8 Jahren beginnt die bewusste Suche nach Gruselsituationen, um Angst in abgeschwächter Form zu erleben. So übt man, angstbesetzte Situationen zu bewältigen, und genießt diese kontrollierte Erregung. Dass Kinder aus eigener Initiative spielerisch mit ihrer Angst umgehen, ist sicher eine der spannendsten Komponenten unserer menschlichen Verarbeitung von Eindrücken. Da einem in einem solchen Moment nichts wirklich Schlimmes droht, zudem Zeitpunkt, Situation und eigene Teilnahme am Gruseln selbst bestimmt sind, kann man das eigentlich Ängstigende genießen. Vielleicht hilft diese Erfahrung dabei, in echten Angstsituationen nicht jede Kontrolle zu verlieren, sondern seiner Erregung Herr zu werden und nachdenken zu können.

VI. Das fünfte Lebensjahr

Vierjährige wollen vor allem eins: Möglichst vieles selbst machen. Für die Entwicklung von Eigeninitiative und Selbstständigkeit brauchen sie Erwachsene, die ihnen die dafür nötigen Experimentier- und Freiräume zur Verfügung stellen. In diesem Alter erwerben Kinder in der Regel auch soziale Kompetenz und moralisches Wissen. So können vierjährige Kinder schon zwischen unmoralischem Handeln, z. B. wegnehmen, ungerecht verteilen, und Regelverletzungen gegen Konventionen, z. B. Tischmanieren, unterscheiden. Eröffnet man Kindern in dieser Phase die Möglichkeit zum spielerischen Umgang mit Buchstaben, Schrift, und Sprache, fällt ihnen später das Schreiben und Lesen lernen leichter. Zu solchen so genannten Literacy-Erfahrungen gehört ebenfalls häufiges Vorlesen sowie zugewandte Gespräche über Gehörtes.

Das Thema Selbstständigkeit

Das Leitmotiv der Kindheit ist das Selbstständigwerden-Wollen. Das ist bei Dreijährigen stark, bei Vierjährigen noch mehr zu spüren. Jedes Kind möchte seine Entdeckungen selbst steuern und seine eigenen Erfahrungen machen. Die Kindergartenpädagogik sollte diesen Entwicklungsanforderungen gerecht werden. Erwachsene erleben die neu gewonnene Selbstständigkeit eines Kindes vor allem als Entlastung von Aufgaben, für die sie bisher zuständig waren, und als Bestätigung der eigenen pädagogischen Fähigkeiten. Für Kinder ist die erfolgreiche Anwendung neu erworbener Fähigkeiten mit Glücksgefühlen verbunden. Ein unermüdliches Üben geht voraus: „Ich will es selbst machen. Hoffentlich will mir jetzt keiner helfen!“ Eigeninitiative und Selbstständigkeit sind willkommen, sie wirken als wahre Entwicklungsimpulse, die vielfältige Ressourcen mobilisieren. Vorausgesetzt, der Erwachsene nimmt sich geduldig zurück; besonders, wenn das Kind von sich aus Aktivitäten in Angriff nimmt – selbst wenn sein Vorhaben länger dauern wird, vielleicht sogar mühsamer wird und womöglich nicht immer „perfekt“ endet. Ein Kind weiß, wann es Hilfe braucht. Die Chance, festzustellen, ob es auch ohne Hilfe geht, sollte man ihm immer lassen.

Ein Beispiel: Braucht ein Kind keine Windel mehr, so sind die Eltern erst einmal recht bescheiden in ihren weiteren Anforderungen. Das rechtzeitige Signal „Ich muss!“ reicht ihnen bereits, den „Rest“ des Toilettengangs übernehmen sie gerne noch einige Zeit. Das Leben ohne Windeln bedeutet jedoch für ein Kind keinen so großen Schritt nach vorn. Um auf der Toilette wirklich „glücklich“ zu werden, braucht es mehr, als nur die anstehende Entleerung melden zu können, nämlich

- allein auf die Toilette gehen zu dürfen,
- dort selbstständig zurechtzukommen,
- wirklich „sauber“ wieder herauszukommen,
- nur noch auf eigenen Wunsch hin auf fremde Klos begleitet zu werden,
- keine Hilfe mehr zu brauchen, weder von der Mutter noch von der Erzieherin,
- keine Kontrolle mehr ertragen zu müssen.

Echte Förderungsangebote lassen das Kind aktiv werden – mit den Händen, den Füßen und dem Kopf. Kinder sind wissbegierig, ausdauernd, anstrengungsbereit und hoch konzentriert, wenn sie eine Aufgabe zu *ihrer* Aufgabe gemacht haben. Sie genießen altersgemäße Herausforderungen. Sie profitieren von erweiterten Entscheidungsspielräumen, bei denen bewusst und begleitet alte Grenzen überschritten werden. Diese Förderungsgrundsätze gelten für jeden Bereich: den kognitiven, den motorischen, den emotionalen, den sozialen sowie auch für den Bereich Selbstständigwerden im Alltag.

Langeweile – jetzt noch ein Fremdwort

In diesem Alter haben Kinder noch ganz selten Langeweile, vorausgesetzt, sie dürfen spielen – und zwar geschützt, aber möglichst ungestört und so wenig eingeschränkt wie möglich. Dann suchen und finden sie ihre eigenen Spiele. Darin liegt ein großer Vorteil, denn das bedeutet automatisch, dass das Spiel der Tagesform des Kindes angepasst ist. Selbst wenn Langeweile aufkommt, braucht ein Kind nicht unbedingt die Hilfe der anderen und man kann als Erziehender darauf ruhig gelassen reagieren: „Weißt du gerade noch nicht genau, was du machen willst? Dann kannst du dir ja in aller Ruhe etwas überlegen, worauf du wirklich Lust hättest.“ Eine kurze Unentschlossenheit, ein bisschen Missmut gehören dazu, wenn für die nächsten Minuten, Stunden oder Tage das Richtige gefunden werden soll. Diese leichte Erregung, die unsicher macht, muss sein, damit richtig nachgedacht und nachgefühlt wird.

Manche Kinder haben sich einen beeindruckenden Trick angewöhnt, sich ihre eigene Neugierde wieder hervorlocken zu lassen. „Ich weiß nicht, was ich machen soll“, verkünden ab und zu auch Kinder, die sich eigentlich recht gut beschäftigen können. Ein winziger Anstoß scheint ihnen im Moment noch zur richtigen Entscheidung zu fehlen. Eine Möglichkeit ist, sie anzulächeln und ihnen zu versichern, dass ihnen bestimmt ganz schnell etwas Lohnendes einfallen wird. Oder man kann einige mögliche Aktivitäten aufzählen: malen, ausschneiden, einen Jogurt essen, Obstsalat machen, ein bisschen tanzen, in den Garten gehen, die Sophie anrufen, Sabine helfen, die Schachteln zu ordnen ... Das Kind stoppt die Aufzählung: „Ich weiß schon, was ich mache. Ich schreibe meiner Oma einen Brief und bemale das Kuvert!“

Sozialkompetenz

Was rechnet man zur Sozialkompetenz? Als eine Startkompetenz zählt das prosoziale Verhalten, wobei Kinder große Unterschiede zeigen hinsichtlich dessen, wie aufnahmebereit sie für die Signale anderer und wie fürsorglich sie sind. Ins prosoziale Verhalten fließt die Entwicklung von Empathie, Hilfsbereitschaft, Mitgefühl und Perspektivenübernahme ein. Bei Kindern mit hoher emotionaler Regulationsfähigkeit findet sich ein deutlich stärkeres prosoziales Verhalten. Kinder, die sich selbst behaupten können und ein hohes Selbstwertgefühl haben, sind meist auch sehr prosozial und attraktiv. Allerdings nicht Kinder, die ein sehr ausgeprägtes Dominanzstreben haben. Es zeigt sich übrigens hier nur eine schwache Tendenz für ein stärker prosoziales Verhalten der Mädchen, das aber auffälliger wirkt, da Mädchen expressiver sind und viel mehr reden, um zu helfen, während Jungen dies eher unauffällig tun.

„Soziale Kompetenz“ ist ein wichtiger Begriff zur Beschreibung von

Leistungen und eine oft genannte Entwicklungsforderung. Trotzdem ist der Begriff ein schwer zu fassendes Konstrukt, das in der wissenschaftlichen Psychologie bislang keine wesentliche Rolle spielte. Zum aktuellen Begriff „soziale Kompetenz" gehören kognitive Aspekte, wie praktische Intelligenz und soziale Intelligenz, genauso wie nicht kognitive Aspekte, wie Temperament oder Charakter. Der Begriff ist auch deshalb so schwer zu definieren, weil in unterschiedlichen Kulturen und auch innerhalb einer Kultur das, was in Anforderungssituationen als kompetente Reaktion interpretiert wird, sehr unterschiedlich sein kann. Eine genaue Festlegung von Verhaltensweisen, die in sozialen Situationen als sozial kompetent angesehen werden können, kann es deshalb kaum geben.

Wie breit das Spektrum sozialer Kompetenz sein kann, sollen 3 Beispiele zeigen:

Zweijährige bevorzugen andere Zweijährige, die ihnen gegenüber Verhaltensweisen zeigen, die Begrüßen, Bedanken, Entschuldigen und Trösten signalisieren. Entsprechend zu verstehende Blicke, Mimiken und kleine Gesten machen diese Kinder innerhalb der Gruppe zu attraktiven und häufig im Zentrum des Ansehens stehenden Kameraden.

Ein Fallbeispiel: Während einer Eingewöhnungsbeobachtung fiel uns ein gerade zwei Jahre alt gewordenes Mädchen auf. Bereits die ersten Tage betrat das Kind im Beisein der Mutter mit freudiger Anspannung den Kindergarten und beobachtete interessiert das Spiel der anderen Kinder. Ihr zugewandte Blicke der Kinder beantwortete sie oft mit einem Lächeln. Bei der Verabschiedung der Mutter weinte das Mädchen jedoch sehr. Am vierten Tag kamen ein sechsjähriger Junge und ein vierjähriges Mädchen auf das weinende Mädchen zu, beugten sich zu ihr hinunter und der Junge sagte: „Wenn du fertig bist mit Weinen, kannst du bei uns mitspielen!" Das Mädchen wurde integriert, bevor sie eingewöhnt war. Einen derartigen Vorschuss gewährt die Gruppe nur sozialkompetenten Kindern, die Interesse an den Kameraden und ihrem Tun signalisieren. Auch der Junge, der diese besondere Einladung aussprach, darf als sozialkompetent eingestuft werden.

Ein weiteres Fallbeispiel, ebenfalls aus der Eingewöhnungszeit: Ein dreijähriger Junge kam zum ersten Mal in den Kindergarten, als seine Bezugserzieherin gerade Fische mit den Kindern auf ein großes Blatt Papier malte. Der Junge war von den Fischen so begeistert, dass die Erzieherin ihm am nächsten Morgen zur Erleichterung des Einstiegs wieder einen Fisch malte. Ein gemalter Fisch zur Begrüßung wurde zum kleinen Ritual zwischen den beiden, bis der Junge kein Interesse mehr signalisierte. Etwa einen Monat später kam er eines Morgens nach bereits über zwei Stunden Spiel zur Erzieherin gerannt: „Mal mir schnell einen Fisch, sonst muss ich weinen!" Wer sich verständlich machen und seine Bedürfnisse nennen kann und zudem zum Ausdruck bringt, dass ihm die Sozialpartner wichtig sind, erleichtert sich und den anderen den gegenseitigen Beziehungsaufbau.

Systeme zur Erfassung der sozialen Kompetenz bei Kindern können folgendermaßen aussehen: Sozial kompetent ist jemand, der von Gleichaltrigen gemocht wird und Einfluss auf diese nehmen kann. Sozial kompetent ist ein Kind, das frei von sozialer Angst ist und über soziale Fähigkeiten verfügt.

Sozialkompetenz wird einem Kind z. B. attestiert, wenn folgende Fähigkeiten vorliegen:

- Eine gute Einschätzung sozialer Situationen (Voraussetzung: gelungene Informationsverarbeitung sozialer Reize),
- das Wissen, zu einer bestimmten sozialen Gruppe zu gehören, die emotional große Bedeutung für das Kind hat (Voraussetzung: soziale Identität als Teil des Selbstkonzeptes),
- die Kontrolle über die eigenen Gefühle und Strategien zur Konfliktbewältigung (Voraussetzung: emotionale Kompetenz und emotionale Regulierungsfähigkeit).

Es gibt wenig Diskrepanz darüber, dass ein Kind mit Sozialkompetenz sich verständlich machen und eigene Meinungen und Wünsche einbringen kann, andere Sozialpartner und Dinge, die in der Gruppe passieren, wahrnehmen und auch zuhören kann, offen ist für die Anregung und Kritik anderer und sich damit auseinander setzen kann, weiß, was es kann und für was es verantwortlich ist, zu anderen Kontakt aufnehmen und Beziehungen gestalten kann, weiß, wo es sich engagieren und wo es sich abgrenzen muss, sich auf andere einstellen und mit Konflikten umgehen kann.

Der Eintritt in die Spielgruppe, ein Beispiel für Sozialkompetenz

Ein Alltagsbeispiel aus dem Kindergarten soll die Zusammenhänge verdeutlichen. Ein Merkmal für hohe Sozialkompetenz ist die Fähigkeit eines Kindes, in eine bereits bestehende und auf vollen Touren laufende Spielgruppe hineinzukommen – eine äußerst schwierige Interaktionsaufgabe. Sozial kompetente Kinder erkennen, dass es für sie günstig ist, sich in die bereits agierende Gruppe „hineinzuspielen" und Zielkinder anzusprechen. Nach der Beobachtung des laufenden Spiels und der eigenen Einstimmung auf Spielinhalt und -tempo wagen sie zum geeigneten Zeitpunkt den Sprung: Sabrina, die mitspielen möchte, steht am Rand des Sandkastens und schaut aufmerksam dem Bauvorhaben von drei begeistert spielenden Kindern zu. Plötzlich schreit sie „Achtung, die hintere Tunnelwand bricht zusammen!", springt in den Sandkasten, tätschelt und befeuchtet die „Problemstelle" vorsichtig und atmet erleichtert auf: „Da haben wir noch mal Glück gehabt!" Und schon gehört sie zu den Mitspielern. Oder, nach ähnlichem Muster: „Wenn ihr auf Beutezug geht, braucht ihr aber dringend jemand, der auf die Gefangenen aufpasst!" Das ist dann zwar noch keine Starrolle, aber man gehört immerhin zum Ensemble und wird weitersehen …

Ein drohendes Missgeschick bzw. ein Mangel wird vorgetäuscht oder gekonnt erkannt, der Retter und Helfer sofort mitgeliefert. Vermutlich beruht der Erfolg darauf, dass diese Strategie eine aufmerksame Wahr-

nehmung und ein intensives Hineindenken ins Spiel voraussetzt und klar macht, dass am Spielplan nichts geändert oder gar verbessert werden soll. Ein solch sozial kompetentes Vorgehen weist das „anklopfende" Kind als geeigneten und daher gern gesehenen Mitspieler aus.

Eine interessante Sichtweise zur sozialen Kompetenz vertritt der dänische Familientherapeut Jesper Juul (2003). Er sagt, dass man Kindern soziale und emotionale Kompetenz nicht beibringen muss. Die Kinder zeigen ihrem Alter entsprechende sozioemotionale Fähigkeiten von selbst, wenn sie zuvor ausreichend Gelegenheit hatten, hinreichend gute Vorbilder nachzuahmen. Sie müssen andere Menschen beobachten und mit Verhaltensweisen experimentieren dürfen, dann fügen sie sich durch Nachahmung in die Kultur ein, da sie sich immer in Beziehung zu anderen sehen. Sie sind ursprünglich sozial. Ständige Ermahnungen und Erklärungen bewirken nur, dass das Kind sich dumm fühlt oder „falsch". Damit wird dem Selbstbild und der Selbstachtung des Kindes großer Schaden zugefügt. Sein pädagogisches Konzept ist es, herauszufinden, „wer das Kind ist", und nicht zu erklären, „warum es sich so verhält". Er hält – wie viele Wissenschaftler heutzutage – die Konzentration auf kindliche Defizite und Störungen für langfristig schädlich.

Literacy

Immer wieder wird in der Fachliteratur die Hoffnung geäußert, dass Kinder von einem frühen geregelten Vorschulunterricht in einzelnen Schulfächern profitieren würden. Steht Bildung, vor allem fehlende Bildung, zur Diskussion, schwappt bislang schulischer Lernstoff in den Kindergarten, um möglichst früh zu fördern und möglichst nichts zu versäumen. Es gibt aber keinerlei Hinweise auf die Wirksamkeit eines frühen Lerndrills – im Gegenteil. Schon vor etwa zehn Jahren trugen Robert Rescorla von der University of Pennsylvania und seine Mitarbeiter Erfahrungen aus allen Teilen der USA zur formalen Ausbildung im frühen Kindesalter zusammen. Das Ergebnis: Auf diesem Wege „geförderte" Kinder starten tendenziell mit gebremster Kreativität, mehr Angst und einer negativeren Einstellung in ihre eigentliche Schulkarriere. Was also lassen und was tun?

Lesen und Schreiben – so könnte man meinen – seien ein reines Kulturgut, dem das Kind bei entsprechender geistiger Reife erst im Schulalter begegnen wird, um es sich dann dort Stück für Stück anzueignen. In einer Art Gegenreaktion auf den Leistungsdrill, mit dem Kinder in den 1960er-Jahren in Form von Früh-Leselern-Programmen konfrontiert wurden, klammerte der reformierte Kindergarten Lesen und Schreiben aus seinem Aktivitätsangebot lange Zeit völlig aus. Doch die moderne Kindergartenpädagogik hat nicht nur einen neuen Begriff für die Lese- und Schreiberfahrung gefunden („Literacy"), sie hat auch nichts mehr mit den frontalen Instruktionen an Schultischen der alten Vorschulprogramme zu tun. Literacy umfasst vielmehr Kompetenzen wie Text- und Sinnverständnis, die Fähigkeit, sich schriftlich auszudrücken, aber auch das ganze „Beiprogramm", das mit Lesen und Schreiben zu tun hat; das heißt, die Lesefreude, die Vertrautheit mit Büchern, mit der Schriftsprache, ganz allgemein die Kompetenz, mit Medien umgehen zu können.

Frühe Erfahrungen mit Buchstaben, Schrift und Zeichen

Literacy-bezogene Erfahrungen beginnen bereits in der frühen Kindheit, wenn ein Kind erlebt, wie ihm oder anderen Geschichten erzählt werden, es seine ersten Bilderbücher betrachtet, sieht, wie seine Eltern schriftliche Botschaften austauschen, Einkaufslisten angefertigt oder kurze Hinweise notiert werden. Die Neugier auf die anfänglich noch unverständlichen Zeichen der Erwachsenenwelt muss nicht gelernt werden, sie braucht nur das entsprechende Umfeld, um aufzufallen und gestillt werden zu können. Es geht darum, dem Kind die Chance zu geben, von selbst einen Eingang in die Lese-, Erzähl- und Schriftkultur der jeweiligen Gesellschaft zu finden.

Kinder können sehr früh erfahren, dass Buchstaben und Zeichen Informationen vermitteln, Botschaften mitteilen, ein Lied wiedergeben oder eine Geschichte erzählen. Besonders fasziniert sind sie davon, wenn ihre ersten schriftlichen Botschaften von anderen verstanden werden und sie das erste Mal in der Lage sind, Informationen für die Zukunft festzuhalten, ohne dass diese nach dem Aussprechen gleich wieder verloren gehen. Es spricht vieles dafür, dass es sensible Phasen – so genannte Zeitfenster – für Entwicklungspräferenzen gibt, in denen Kinder nach bestimmten Anreizen suchen. Was ist es genau, was z. B. Vier- oder Fünfjährige auf die Suche nach dem Sinn von Zeichen gehen lässt? Warum werden Schriften schlagartig so interessant? Donata Elschenbroich hat hierzu einen faszinierenden Film („Ins Schreiben hinein“) geliefert. Das Kind begibt sich überall auf die Suche nach allgemein verständlichen Symbolen und ihren Einsatzmöglichkeiten (siehe Abb. 8, S. 114).

Warum dieser Aufwand? Ein Grund wird sein, dass vier bis fünf Jahre Sozialisation dem Kind gezeigt haben, dass es sich lohnt, Informationen festzuhalten, damit sie längerfristig zur Verfügung stehen, auch wenn der Informant gerade nicht präsent ist. Doch man vermutet mehr dahinter: Nämlich die Erfahrung, wie wichtig es ist, miteinander zu kommunizieren, um in Beziehung treten oder in Kontakt bleiben zu können. Schrift wird somit als Möglichkeit verstanden, sich austauschen und etwas weitergeben zu können. Diese Stufe der kindlichen Entwicklung rekapituliert wohl die Entstehung der Schriftlichkeit im Laufe der Menschheitsgeschichte. Donata Elschenbroichs (2002) fantastische Liste zum Weltwissen der Siebenjährigen sollte unbedingt um den Punkt „ein eigenes ‚Buch‘ gemacht haben“ erweitert werden.

Kinder halten ihre ersten schriftlichen Begriffe zunächst bildhaft fest. Erst später beginnen sie, ihre Ideen und Vorstellungen mit den abstrakten Zeichensystemen ihrer jeweiligen Kultur zu Papier zu bringen. Vonseiten der Bezugsperson ist es wichtig, die Begeisterung für die entstehende kindliche Schreibfähigkeit zu teilen und nicht mit ständigen Korrekturen zu dämpfen. Auch das ist ein Punkt, in dem sich moderne Lese- und Schreibkultur von früheren starren Lernprogrammen unterscheidet.

Die erste Begegnung mit der Lesekultur geschieht im Rahmen von Bilderbuchbetrachtungen, die nachgewiesenermaßen zu den wirksamsten Formen der Sprachförderung im Kindesalter gehören. Wichtig ist dabei die Bezugsperson, die dem Kind zur Seite steht und im Rahmen der Buch-Triade „Bezugsperson-Buch-Kind“ das Tempo von sprachlicher Anregung und Kommunikation flexibel und sensibel auf das Kind abstimmt, je nach Sprachniveau und Interesse des Kindes. Die körperliche Nähe und Zuwendung zwischen Vorleserin und Kind ist keineswegs nur zwangsläufiger Nebeneffekt, sondern entscheidend wichtig für

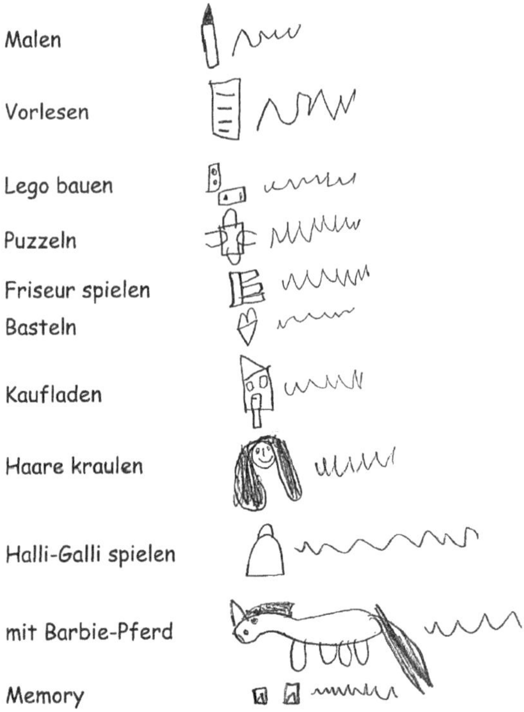

Abb. 8: Ein Kindergartenkind kann bereits im vorschriftlichen Alter erste Informationen dauerhaft festhalten, indem es eine bildhafte symbolische Darstellung wählt. Hier eine Liste geplanter Aktivitäten für den gemeinsamen Abend mit der Babysitterin. Auf der linken Seite eine Lesehilfe für Erwachsene.

die Lernmotivation und die emotionale Einbettung dieses „Beziehungslesens“. Kinder, denen vorgelesen wird, die über Gehörtes reden können, denen Schreib- und Schriftkultur begegnet und in deren Umfeld das Geschichten-Erzählen gepflegt wird, lernen leichter Schreiben und Lesen.

In der Freiburger Kindertagesstätte Rieselfeld begegnen Kinder viele benannte Gegenstände des Alltags in verschiedenen Sprachen. An einem Spiegel liest man die Worte „der Spiegel, le miroir, the mirror“. An einer Wand kleben Schilder „die Wand, le mur, the wall“, an der Gardine steht „der Vorhang, le rideau, the curtain“, über dem Heizkörper „die Heizung, le chauffage, the heating" usw. Jede einzelne Treppenstufe ins Obergeschoss wird durchgezählt, d. h. ist mit eins, zwei, drei, mit arabischen und römischen Zahlen beschriftet. Hier wird niemand zum Lesen gezwungen oder gar Schreiben eingeübt. Es wird dem kindlichen Blick erlaubt, daran hängen zu bleiben, zu vergleichen und nachzufragen, aber genauso darüber hinwegzusehen, wenn gerade die Grimasse im Spiegelbild spannender ist oder auf der Treppe ein Wettlauf stattfindet. Es ist ein Angebot für Suchende und begeisterte Finder und Experimentatoren.

Wie im Kapitel „Das erste Lebensjahr" beschrieben, wollen schon kleinste Kinder Dingen einen Namen geben und mithilfe dieser symbolischen Bezeichnungen mit anderen in Kontakt treten, über Sachverhalte ins Gespräch kommen. Es ist auch die Suche nach etwas Statischem, was über die Zeit erhalten bleibt, egal, was heute passiert ist, an was ich mich von gestern erinnere und was ich mir für morgen vorgenommen habe. Bischof-Köhler (2000) weist darauf hin, dass der Mensch als einziges Lebewesen in der Lage ist, die vergangenen und zukünftigen Bedürfnislagen so zu vergegenwärtigen, dass diese mit aktuellen Bedürfnissen in Wettstreit treten können. Dabei kann die Befriedigung eines momentanen drängenden Wunsches als vertagbar erkannt und dieser hinten angestellt werden, zu Gunsten eines vergegenwärtigten anderen, der zum jetzigen Zeitpunkt dringlicher erscheint. Der Mensch vermag eine ganze Palette von Motiven vergegenwärtigen und unter ihnen eine Auswahl treffen. Das ist ein Teil seiner Fähigkeit zur willensfreien Entscheidung. Der Mensch ist also in der Lage, das Probieren sowie das Lernen daraus, auf eine mentale Bühne zu verlagern. Das Kognitionssystem „Vorstellungsfähigkeit" hat sich bei ihm im Laufe der Evolution entwickelt. Deshalb erzählt er Geschichten und schreibt sie nieder.

Moralentwicklung

Im Rahmen ihrer Sozialisation lernen Kinder auch, was „gut" oder „schlecht" ist, was in der jeweiligen Kultur, in der sie groß werden, als „falsch" oder „richtig" angesehen wird. Mit der Zeit verinnerlichen Kinder diese Standards. Eltern erwarten von ihren Kindern nicht nur, dass sie Verhaltensregeln lernen, die ihrer Rolle angemessen sind, sondern auch, dass sie diese Regeln befolgen, ohne dabei beaufsichtigt werden zu müssen. Im Verlauf ihrer Entwicklung werden die Kinder zunehmend fähiger, komplexere moralische Entscheidungen zu treffen. Aber auch wenn die Kinder wissen, welches Verhalten von ihnen erwartet wird, ist damit noch lange nicht sichergestellt, dass sie sich auch sozial erwünscht verhalten. Neben dem moralischen Wissen müssen sie auch die Fähigkeit erworben haben, in Übereinstimmung mit den Wünschen ihrer Bezugsperson zu handeln – also Compliance zu zeigen –, auch wenn sie selbst (gerade) vielleicht etwas anderes wollen.

Ungefähr ab dem vierten bis fünften Lebensjahr ist das moralische Wissen der Kinder vollständig. Sie wissen jetzt, welche Regeln in ihrer Kultur existieren. Was sich dann aber während der gesamten Kindheit weiterentwickelt, ist die *moralische Motivation*. Die Fähigkeit zu Perspektivenübernahme und Empathie hilft dem Kind beim Aufbau seines moralischen Selbst. Ihm wird bewusst, dass die eigenen Handlungen negative Auswirkungen auf andere haben können. Dies kann eine erste Motivation zur intrinsisch motivierten Normeinhaltung schaffen. Erst jetzt wird den Kindern klar, dass sie durch andere Menschen bewertet werden, wenn sie z. B. unmoralisch handeln. Da sie möglichst gut von anderen beurteilt werden möchten, um weiter akzeptiert und nicht aus der Gruppe ausgeschlossen zu werden, hilft auch diese Erkenntnis dem Aufbau des moralischen Selbst.

Man kann die Entwicklung der moralischen Motivation bei Kindern anhand von Bildergeschichten prüfen, in denen z. B. ein Kind in Versuchung steht, einem anderen Kind Süßigkeiten zu stehlen. In einem anderen Beispiel bekommt ein Kind ungerechterweise allein einen Preis für einen Wettbewerb zugeteilt, obwohl ein anderes Kind gleich viel geleistet hat. Der Konflikt ist, ob es den Preis aufteilt oder für sich allein behält. Während noch 60 Prozent der Vier- bis Fünfjährigen und 50 Prozent der Sechs- bis Siebenjährigen erwarten, dass sich das unmoralisch handelnde Kind gut fühlt, weil es seine eigenen Bedürfnisse befriedigt, sinkt dieser Anteil bei Acht- bis Neunjährigen auf unter 30 Prozent. Genau umgekehrt verläuft die Entwicklung für die Zuschreibung von Schuldgefühlen. Etwa ein Viertel der Vier- bis Fünfjährigen, die Hälfte der Sechs- bis Siebenjährigen und über 60 Prozent der Acht- bis Neunjährigen vermuten ein schlechtes Gewissen bei dem unmoralisch handelnden Kind.

Diese Zahlen steigen sogar noch, wenn man den Kindern die Frage stellt, wie sie sich selbst in einer solchen Situation fühlen würden. Diese Ergebnisse zeigen, dass ein Teil der Kinder bereits im Kindergartenalter eine moralische Motivation aufgebaut hat, und dass dieser Anteil im Laufe der Grundschulzeit ständig zunimmt. Moralisches Urteil und moralische Entscheidung stimmen bei jüngeren Kindern häufig noch nicht überein. Das moralische Selbst ist noch ungefestigt, wird aber im Laufe der Entwicklung immer stabiler.

Unterschied zwischen moralischer Norm und Konvention

Neue Studien zeigen, dass Kinder bereits mit vier Jahren deutlich zwischen unmoralischem Handeln (wegnehmen, schlagen, ungerecht verteilen etc.) und Verstößen gegen Konventionen (Tischmanieren, Verhaltensregeln im Kindergarten etc.) unterscheiden können. Unmoralisches Handeln wird – früher als von Piaget erst für das Grundschulalter angenommen – als schlecht befunden. Nur Verstöße gegen Konventionen werden akzeptiert, wenn Autoritäten dies erlauben bzw. es keine genauen Gesetze und Regeln gibt.

Alle diskutierten Theorien können das moralische Verhalten von Kindern keineswegs erschöpfend erklären. Keine kann erklären, was Kinder und Erwachsene tatsächlich dazu bringt, sich nach ihren moralischen Vorstellungen zu richten, also ihren moralischen Idealen entsprechend zu leben. Hier klafft eine große Lücke zwischen Ideal und Wirklichkeit. Der bereits erwähnte autoritative Erziehungsstil erhöht die Wahrscheinlichkeit für eine gute moralische Entwicklung. Offenbar bietet er eine für die Entwicklung günstige Atmosphäre aus realistischen Erwartungen an die Kinder einerseits und strukturierter Hilfestellung andererseits – eine gute Basis, um die Herausforderung anzunehmen, ihren moralischen Horizont zu erweitern. Dagegen hemmen der permissive (laissez-faire) und der autoritäre Stil die Entwicklung einer moralischen Identität, weil sie entweder Regeln und Vorschriften grundsätzlich vermeiden oder willkürlich setzen. So gesehen hat die Moralität eines Menschen ihre Wurzeln zum Teil in familiären Kindheitserfahrungen.

VII. Das sechste Lebensjahr

Fünfjährige erleben in allen Entwicklungsbereichen eine Differenzierung und Spezialisierung. Diese zeigt sich am deutlichsten im so genannten Gestaltwandel. Die Gesichtszüge verändern sich und werden mädchen- oder jungenhafter und der Babyspeck verschwindet. Das Fantasiespiel befindet sich nun auf seinem Höhepunkt – insbesondere werden nun zunehmend Materialien eingesetzt, die zweckentfremdet werden. Das Interesse an Zahlen und Mathematik wächst. Kinder mögen es besonders, Gegenstände nach Farben oder Größen zu ordnen. Im Kindergarten sind sie nun die „Großen", die allmählich auf die Schule vorbereitet werden. Auch wenn die Kinder sich Wissen und Fähigkeiten aktiv aneignen, benötigen ihre Bildungsprozesse einen sozialen Rahmen, innerhalb dessen gemeinsames Handeln, Spielen, Sprechen, Produzieren und Denken geschieht. Im sechsten Lebensjahr lernen Kinder mit ihren Aggressionen umzugehen. Sie wissen sehr wohl, dass es bei der Aggression auf das richtige Maß ankommt, nicht zu wenig, um sich auch wehren und durchsetzen zu können, nicht zu viel, um akzeptiert zu werden.

Das besondere Alter

„Hänschen klein, ging allein in die weite Welt hinein …" Das besungene Hänschen war mit Sicherheit ein Fünfjähriger oder eine fünfjährige Hansine. „Welt, ich komme!" Trotz noch gelegentlich engem Kontaktbedürfnis und Lust auf Schmusestunden wollen Fünfjährige ihren Aktionsradius vergrößern, zumindest punktuell aus dem familiären Vollschutz heraus. Sie haben das Gefühl, alles allein zu können. Dass hier die Gefahren und Konsequenzen der Selbstüberschätzung ebenso lauern, wie höchst befriedigt erlebte Selbstständigkeit möglich ist, erschwert den Erwachsenen den Umgang mit dieser Altersgruppe. Schutz und Unterstützung müssen dezent angeboten werden, denn ständige Kontrolle verunsichert und kränkt.

Zunehmende Differenzierung und Spezialisierung

Im Alter von fünf bis sechs Jahren machen Kinder den so genannten *Gestaltwandel* durch. Der Babyspeck ist verschwunden, Pausbacken und Stupsnase sind nicht mehr so stark ausgeprägt, die Gesichtszüge werden mädchen- oder jungenhafter. Auch das *Sprachverständnis* hat sich weiterentwickelt. Zwar können wenige Kinder in diesem Alter einen Witz verstehen, denn Humor als Interpretationsmöglichkeit ist ihnen noch weitgehend fremd. Wahrscheinlich muss dafür das Verständnis für die Doppelbödigkeit einer Aussage erst noch zunehmen. Vorerst nehmen die Kinder alles Gesagte noch wortwörtlich und interpretieren es auch so. Aber sie fangen an, mit der Sprache zu albern, indem sie beispielsweise einfach Wörter mit gleichem Klang aneinander reihen: Riese, Liese, Wiese, Diese, Fiese usw. Ihre Sprachsicherheit ist groß genug, um begeistert mit absichtlichen Fehlern zu spielen, z. B. in dem altbekannten Lied „Drei Chinesen mit dem Kontrabass".

Motorisch gelingt ihnen nun fast alles. Wird ihre Bewegungsfreude gefördert, so nehmen Körperbeherrschung, Geschicklichkeit, Schnelligkeit und Ausdauer von Tag zu Tag zu. In diesem Alter müssen uns die Kinder mit Störungen in der Bewegungskoordination aufgefallen sein. Sie brauchen psychomotorische „Nachhilfe", um bald wie die anderen fallen und aufstehen, rückwärts gehen und auf einem Bein hüpfen zu können. Das ist wichtig, denn ein Mangel an Bewegungskoordination schmälert die Lebensqualität und kann zu Verhaltensstörungen, Konzentrationsdefiziten und Sprach-, Lese- oder Rechtschreibschwäche führen. Schreiben kann man nur lernen, wenn man nicht seine ganze Aufmerksamkeit dafür braucht, sich aufrecht auf einem Stuhl zu halten. Und wer später einmal den Unterschied zwischen „41" und „14" erkennen will, benötigt Raumvorstellung und Raumerfahrung, deren Voraussetzung Bewegungserfahrungen sind.

Das sensumotorische *Spiel* hat nach wie vor nichts von seinem Reiz verloren. Das Konstruktionsspiel wird weiter ausdifferenziert. Das Kind baut beispielsweise im Freien Hütten oder verwendet Spielsachen, die immer mehr technisches Verständnis erfordern. Fünf- und Sechsjährige genießen Materialvielfalt, sie können in diesem Alter alles brauchen: Eine mit Kleinigkeiten und Ersatzteilen gefüllte Kiste ist für Kinder jetzt ein Schatz. Denn inzwischen haben sie gelernt, Gegenstände nach einem vorgefassten Plan zweckzuentfremden und in neuen Kontexten und Funktionen spielerisch einzusetzen. Sie werden immer erfinderischer und entwickeln eine Art Fantasiespiel mit den Materialien. Gemeinschaftliche Rollenspiele mit klassischen Themen wie Familie, Schule und Einkaufen stehen bei Fünf- bis Siebenjährigen hoch im Kurs. Sie nehmen Ideen aus der Umwelt auf und entwickeln daraus mithilfe ihrer Fantasie Geschichten, die immer weiter ausgesponnen werden. Es gibt Kinder, die in diesem Alter nichts anderes spielen. Selbst beim Malen, Anziehen, Essen, Aufräumen und auf dem Klo: Immer sind sie irgendjemand, nur eben nicht Felix oder Kira.

Interesse an Zahlen und Mathematik

Vielfalt fasziniert Kinder. Im Alter zwischen vier und sechs Jahren nehmen Kinder immer mehr die der Vielfalt innewohnenden Strukturen wahr und bauen sie in ihr Spiel ein. Jetzt verstehen wir, dass hier

mehr passiert: Neue Denkvorgänge starten, ein selbst konstruiertes, abstraktes Wissen wird angelegt. Sie erkennen Farben, benennen sie und sortieren sie nach Nuancen in Gruppen von Rot- oder Blautönen. Sie ordnen Gegenstände nach der Größe, entdecken weitere Besonderheiten daran, vergleichen, suchen nach Ordnungsprinzipien und sortieren gemäß dieser Neukategorisierungen um. Beim Sortieren werden Form, Größe und Anzahl verglichen. Beim Anordnen der Gegenstände entstehen Reihenfolgen, die Muster ergeben können.

Im Spiel werden verschiedenste Aspekte der Zahlen erfahren (Friedrich & Bordihn 2003). Da unser Gedächtnis über Assoziationen funktioniert, reicht es, sich an einen Teilaspekt eines Sachverhaltes zu erinnern, um die gesamte Information wieder ins Bewusstsein zu bringen. Je vielfältiger also Informationen dem Gehirn präsentiert werden, desto größer ist die Wahrscheinlichkeit, auf einen Aspekt eines bereits abgespeicherten Sachverhaltes zu stoßen und neue Verbindungen entstehen zu lassen. Die Effekte vielgleisigen Lernens zeigen sich bei Fünfjährigen besonders deutlich.

Die Kinder legen Muster und Reihen aus Gegenständen, während ihr Gehirn hierbei angeregt wird, die Zeit in eine Reihenfolge zu bringen (Hoenisch & Niggemeyer 2007): Zuerst, als Nächstes, ganz am Schluss. Sich einen Handlungsablauf vorstellen und ein Problem in Gedanken lösen zu können – diese Fähigkeiten setzen ein gewisses Zeitverständnis bzw. das Wissen um Ursache-Wirkungszusammenhänge voraus. Dies zu durchschauen, bewältigen Vierjährige bedeutend konsistenter und zuverlässiger als Dreijährige. Wenn ich etwas ausschneiden möchte, brauche ich eine Schere, die ich zuerst herbeischaffen muss. Um ein Butterbrot zu essen, muss ich zuerst Brot, Butter und ein Messer holen, erst dann kann ich die Butter mithilfe des Messers aufs Brot streichen. Die Befriedigung des momentan drängenden Hungers muss kurzfristig verschoben werden zu Gunsten der Aktion des Messerholens, da diese zum Erreichen des Gesamtziels im Moment tatsächlich dringlicher, ja erst die Voraussetzung dafür ist. Über die Entwicklung des Zeitverständnisses und eine durch sie beeinflusste Handlungsorganisation wissen wir im Einzelnen noch recht wenig, doch erlaubt der fundamentale Entwicklungsschritt, den Faktor Zeit bei Planungen zu berücksichtigen, miteinander konkurrierende Motive und ihre Ziele auf einer Zeitachse nacheinander anzuordnen und abzuarbeiten. Eine sequenzielle Struktur ist geschaffen. Eine wichtige Erkenntnis: Das Jetzt schafft die Voraussetzung für ein Später.

Die Rolle des Kindes im Bildungsprozess

Es ist die verspürte Erwartung eines für möglich gehaltenen Erfolgs, vermittelt durch Ermutigung, Unterstützung und Zuneigung, die Kinder eine Herausforderung annehmen und Neues lernen lässt. Der griechische Philosoph Heraklit drückte es so aus: Lehren heißt nicht ein Fass füllen, sondern eine Flamme entzünden. Die Voraussetzung für Bildung ist Lernfähigkeit, die selektive Verarbeitung von Informationen aus der Umwelt, um das eigene Verhalten erfahrungsbedingt umprogrammieren zu können. Das zu Lernende und Gelernte wird individuell interpretiert und reflektiert. Das bedeutet natürlich auch, dass Bildungsprozesse jeden Menschen zu individuellen Vorstellungen und Einstellungen kommen lassen. Denn Bewusstseinsinhalte sind das Ergebnis von Wahrnehmungsakten und Denkvorgängen und können im Vergleich mit Bewusstseinsinhalten anderer Menschen individuelle Unterschiede aufweisen. Beim Begriff „Bildung" hat man meist kognitive Prozesse vor Augen, doch dieser Blick ist viel zu eingeschränkt. Hand, Fuß und Kopf gehören dazu, noch mehr sogar: die Wahrnehmungen mit allen Sinnen, das Körpergefühl, die Emotionen, aber auch alle sozialen Bezüge, die Beziehungen zu anderen Menschen.

Bildung geschieht immer – oft unbewusst und unbeabsichtigt. Entsprechend gibt es im Kindergarten keine „bildungsfreien Orte" oder „bildungsfreie Zeiten". Aber Lern- und Bildungsprozesse vollziehen sich nicht im luftleeren Raum, sondern immer in einem sozialen Kontext. Deshalb bedürfen sie der Unterstützung, Anregung und Herausforderung in der sozialen Interaktion, vor allem in der Kommunikation. Sie können nur klappen, wenn das, was vermittelt wird, auch von jemandem angenommen wird; und wenn der, der etwas vermitteln möchte, auch den annimmt, akzeptiert und wertschätzt, dem er etwas vermitteln möchte. Die Voraussetzung für Bildung ist Lernen. Dieser Satz muss ergänzt werden: Die Voraussetzung für eine erfolgreiche Unterstützung und Anregung von Lern- und Bildungsprozessen ist die Bereitschaft, etwas lernen zu wollen. Lernen und Bildung vollziehen sich demnach als aneignende Tätigkeiten, die Initiative kommt vom Kind. Der Bildungsprozess geschieht jedoch nicht im individuellen Einzelgang, sondern im sozialen Miteinander, in der Interaktion und Kommunikation, also beim gemeinsamen Handeln, Spielen, Sprechen, Produzieren und Denken. Deshalb nennt man diesen Vorgang eine *Ko-Konstruktion*. Das wissbegierige, ausdauernde, anstrengungsbereite, selbsttätige Kind eignet sich von sich aus Wissen und Fähigkeiten an – umso mehr, wenn es eine individuell fördernde personelle wie dingliche Umwelt vorfindet.

Selbstbildungsprozesse – im Beziehungsnetz

Alle Menschen, mit denen ein Kind lebt, mit denen es in Beziehung steht, mit denen es Situationen gemeinsam erlebt, denen es im Alltag begegnet oder von denen es ganz konkret etwas lernen soll, sind Teil seiner Geschichte, seiner Biografie. Sie nehmen Einfluss auf seinen Lernerfolg und seinen Entwicklungsverlauf. Unter ihnen wählt das Kind seinerseits diejenigen aus, die es individuell ansprechen, die ihm Entwicklungsanreize bieten. Kinder erleben nicht passiv ihre Erziehung und Bildung, sondern gestalten diese aktiv mit. Lernen ist kein passiver Informationstransport vom Wissenden (dem Erwachsenen) zum Unwissenden (dem Kind). Interaktive Prozesse erlauben einem Kind, konstruktiv an seiner Entwicklung und Bildung zu „bauen". Viele Entwicklungsforscher denken heute, dass Kompetenzen nicht vermittelt werden können; sie müssen vom Kind erworben werden, indem es sich diese aktiv aneignet. Dabei wird der Lernprozess von den individuellen Vorerfahrungen mitbestimmt, die jedes Kind als Kontext mitbringt. Für ein sinnvolles Bildungsangebot muss von dem ausgegangen werden, was die Kinder bereits können. Dieser Prozess braucht Unterstützung, Anregung und Herausforderung durch Personen seines Beziehungsnetzes. Das geschieht, indem die kindlichen Themen beachtet und aufgegriffen werden und Gelegenheiten, Räume oder Situationen zur Aneignung geschaffen und angeboten werden (gestaltete Interaktion mit dem Kind) (Laewen & Andres 2007).

Ein Orientierungsplan für das professionelle Handeln der Pädagog(inn)en zur Unterstützung, Förderung und Anregung kindlicher Bildungsprozesse sollte auf den kindlichen Entwicklungsverlauf Bezug nehmen, am Kind orientierte Bildungsaspekte und Ziele benennen sowie Standards formulieren, die für alle Kinder gültig sind. Da kleine Kinder in stärkerem Maße als ältere „ihre eigenen Lehrmeister" sind (Hartmut von Hentig), sollte von einem Orientierungsplan für diese Alterstufe erwartet werden, dass er die vielfältigen Aspekte einer Bildung des „Gesamtkindes" hervorhebt, vor allem aber zu eigenen Ausführungskonzepten innerhalb dieses Rahmens ermutigt. Nach Aussagen des Hirnforschers Wolf Singer sollte ein Kindergarten so viele Bildungsprogramme wie Kinder haben, um wirklich individuell begleiten, anregen, unterstützen und fördern zu können. Diesem Umstand sollte die Breite jedes Orientierungsplanes Rechnung tragen.

Angesichts dieses pädagogischen Konzepts, *einer Pädagogik nicht für das Kind, sondern mit dem Kind* müssen zielgerichtete Lehrtätigkeiten in den Hintergrund treten. Die Empfehlungen von Laewen und Andres (2002), kindliche Themen, die in dieser Gruppe, in dieser Atmosphäre spontan entstanden sind, aufzugreifen, zu begleiten und durch nun bewusst geschaffene räumliche Veränderungen, Inszenierungen, Materialauswahl oder Projektvorschläge zu bereichern, beschreiben genau das, was nach heutigem Wissensstand Gelegenheit zu selbsttätigen Lern- und Bildungsprozessen gibt.

Ein Beispiel, wie dies in der Praxis aussehen könnte:

Kinder bauen mit Bausteinen, jeden Stein genau auf den anderen, ab einer gewissen Höhe stürzt das das Bauwerk immer ein. Wie könnte das Thema aufgegriffen, wie könnte eine anregende Begleitung aussehen?

- gemeinsam „haltbare" Mauern anschauen, in Büchern, rund um den Kindergarten, in der Stadt ,
- mit den Fingern die Steinumrisse und Fugen nachfahren, eventuell abpausen,
- was bedeutet „auf Lücke" bauen?,
- warum ist das stabiler?,
- wo gibt es noch „auf Lücke"?,
- auf Mustersuche gehen: zwei Akrobaten tragen einen Akrobaten auf ihren Schultern, beim Webrahmen arbeitet man auch nach dem Prin-

zip „auf Lücke", Das Rauf und Runter des Fadens schafft die Lückenstruktur.

Das Nervensystem des Kindes ist nach jeder Eigenaktivität im höchsten Erwartungszustand für das Wahrnehmen von Antworten und Reaktionen auf das eigene Handeln. Hier macht das Kind wesentliche Erfahrungen über das Wichtigste, was es gibt: Was kann ich durch eigene Aktivität in der personalen und dinglichen Umwelt bewirken und dadurch meinem Tun Bedeutung und Sinn geben?

Interaktive Pädagogik

Das französische *Modell der Interaktiven Pädagogik* – ein Programm zur Umsetzung der UN-Konvention zu den Rechten des Kindes – geht davon aus, dass Kinder beim Handeln, Interagieren und Kommunizieren lernen. Werden ihre Neugier, ihre spontanen Handlungen und ihre aktive Teilnahme an der Entdeckung der Welt unterstützt, erweitert sich ihr Wissen. In kleinen Gruppen können sie erfahren, wie man sich zusammenfindet und miteinander interagiert. Die Rolle der Erwachsenen ist hierbei, empathisch zu sein, aufmerksam das Handeln und die Gespräche zu beobachten, um den Sinn, die Logik und die Umstände der Umsetzung durch die Kinder zu verstehen. Das verlangt, fähig zu sein, die Entdeckungsversuche der Kinder zu erkennen, zu unterstützen, positiv zu bewerten und auf eine Gesprächsebene zu heben, um sie konstruktiv bearbeiten zu können, notfalls auch regulierend einzugreifen, wenn ein Projekt die Kinder zu überfordern droht. Manchmal heißt es auch, der Entwicklung weiterführende Anregungen zu geben – im Sinne dessen, was Wygotsky „die Zone der nächsten Entwicklung" nannte, und was heute „Eröffnen und Begleiten eines neuen Bildungsprozesses" genannt wird, also ein Angebot zu dem, was Kinder als nächsten Schritt in ihrer Entwicklung interessieren wird. Das bedeutet auch Respekt vor den Ideen, Aktionen und Bedürfnissen des einzelnen Kindes nach Erweiterung seines Wissens, seines Bewegungsdrangs und seiner sozialen Kontakte.

Ein Kind kombiniert zuvor Erlerntes spielerisch neu, setzt es in neuartiges Tun um – sei es in fantasievolles Erzählen, in konstruktives Bauen, in das Ersinnen neuer Spiele oder in bildliches Gestalten. Durch schöpferisches Erfinden erweitern die Kinder aus eigenem Antrieb und in Interaktion miteinander ihren Erfahrungsbereich in vielen Dimensionen. Das Kleinkind hat seine besten Lehrer in sich selbst: „Es wäre hoffnungslos, seine angeborenen Lernstrategien und die dazu gehörigen Motivationen durch von außen aufgeprägte Lehrpläne ersetzen zu wollen; diese können im Kleinkindalter nur stören, indem sie die zur Natur des Kindes gehörigen, viel sinnvolleren Lernstrategien verdrängen. Hier liegen die entscheidenden wissenschaftlichen Argumente gegen lernzielorientiertes Lehren und Lernen in der Welt des kleinen Kindes“ (Hassenstein 2007, S. 63).

Die Entwicklung der Geschlechtsidentität

Irgendwann zwischen vier und sechs Jahren beginnen Jungen, Mädchen blöd zu finden. Diese dürfen nicht mehr mitspielen und werden geärgert. Mädchen werden von den Erzieher/innen meist in ihren feinmotorischen und sozialen Fähigkeiten gefördert, sie stehen weniger im Mittelpunkt, können sich oft mühelos anpassen und wissen sich zurückzunehmen. Jungen werden in diesem Alter oft wild, grob und rücksichtslos. Feinmotorische und soziale Unfähigkeiten kleiner Jungen werden häufig mit Nachsicht behandelt. Eltern erlauben viel eher ihren Söhnen, sich zu wehren, auch mit körperlichen Mitteln. Sie bekommen mehr Zuwendung, Ansprache und Unterstützung. Kein Wunder, dass Mädchen mehr Passivität und Wehrlosigkeit entwickeln, nur verbal aggressiv sind und sich selbst für schwächer halten als gleichaltrige Jungen. Typisch sind ihr mangelndes Selbstbewusstsein, die Angst, aufzufallen und ihre Tendenz, in Entscheidungsprozessen Konfrontationen auszuweichen.

Jungen haben aber auch Probleme. Sie sind z. B. bei Schuleintritt weder größer noch stärker und im direkten Leistungsvergleich nicht unbedingt besser als Mädchen. Doch von ihnen werden Stärke und Durchsetzungsvermögen erwartet. Sie dürfen nicht schwach, unterlegen, still oder schüchtern sein, was sie zwischen Großspurigkeit und Selbstzweifeln schwanken lässt. Eine Situation, in der sie Schwächen und Ängste mit Gewalt bekämpfen müssen! Im Übrigen dürfen Mädchen bei Jungen nicht mitspielen. Die Jungen werten ihre Spiele dadurch auf, dass sie die Mädchen ausschließen. Sie selbst wollen bei den Mädchen nicht mitspielen und nennen Mädchenspiele „doof"; es wäre ihnen peinlich, dabei gesehen zu werden und es wäre „fürchterlich", im Vergleich mit den Mädchen schlecht abzuschneiden! Das ist ein faszinierendes Beispiel für Verhaltensunterschiede, die durch unterschiedliche Selbstbilder zu Stande kommen.

Fünfjährige wissen, dass sie Jungen oder Mädchen sind, und verhalten sich dementsprechend. Der Unterschied zwischen den Geschlechtern wird immer größer, geschlechtstypische Verhaltensweisen treten auf. Jungen und Mädchen provozieren ihre Eltern und Erzieher/innen durch ihr unterschiedliches Verhaltensangebot zu unterschiedlichem Verhalten. Erwachsene erziehen Jungen zu Jungen und Mädchen zu Mädchen, aber beide Geschlechter locken auch aktiv jeweils anderes aus den Erwachsenen heraus. Jedes Kind „baut" sich seine Geschlechtsidentität aus zwei Bestandteilen: seinen individuellen Anteilen und seinen jeweiligen Erfahrungen mit der Außenwelt. So tastet es sich an sein Selbstbild als Mädchen oder Junge heran. Problematisch sind hier fehlende männliche Vorbilder außer Haus (womöglich auch zu Hause) bis zum Alter von ca. zehn bis elf Jahren. Eine positive Identifikation mit dem eigenen Geschlecht ist dann gelungen, wenn ein Kind sich selbst in möglichst vielfältigen Situationen erfahren konnte und aus einem reichen Angebot (bewusst nicht jungen- oder mädchenspezifisch zusammengestellt) wählen konnte, was ihm besonders liegt oder eben nicht so viel Freude macht. Wichtig ist, sich so als Individuum, als das Mädchen Lisa, als den Jungen Raffael – und eben nicht nur als „Junge" oder „Mädchen" – kennen gelernt zu haben. Weit größere Unterschiede als zwischen Jungen und Mädchen finden wir zwischen verschiedenen Mädchen- und ebenso zwischen verschiedenen Jungenpersönlichkeiten. Die Persönlichkeit differenziert einen Menschen weit mehr als sein Geschlecht.

Als Mädchen, als Junge behandelt werden

Christian Büttner (2003) hält es für wahrscheinlich, dass beide Geschlechter in spezifischer Weise „Zurichtungen erleiden", bis ihr soziales Geschlecht der Gesellschaft zur Verfügung steht. Vorstellungen darüber, wie „männlich" und „weiblich" auszusehen haben, beeinflussen trotz aller Pauschalität zumeist unreflektiert und ungewollt unsere Wahrnehmungen und verstellen unseren Blick für das wirkliche Verhalten eines Jungen oder eines Mädchens. Focks (2002) weist darauf hin, dass Kinder gerade im Kindergartenalter mit Präsentationsweisen von „Weiblich sein“ und „Männlich sein“ in unserer Kultur experimentieren. Sie inszenieren Männlichkeit und Weiblichkeit mitunter rigide und provokant, da sie ihre Geschlechtsidentität noch entwickeln müssen und sie noch nicht sicher verfügbar haben, weshalb keine Uneindeutigkeiten zugelassen werden können. Deutliche Geschlechtsunterschiede erleichtern ihnen in den gemischtgeschlechtlichen Gruppen in Form einer Kontrastverschärfung die eigene Zuordnung.

Auch in den Bereichen „Mädchen sein“, „Junge sein“, werden Kinder nicht passiv in unsere Gesellschaft hineinsozialisiert, sie wählen sich ihre Geschlechtsidentität aktiv aus ihrer Umwelt aus, setzen sich mit ihr auseinander und lassen sich auf diesem Wege von anderen ihr Geschlecht bestätigen und zurechtrücken: Sie überprüfen „zum einen die Reaktionen der Umwelt (wobei fehlende Reaktionen in der Regel als Zustimmung interpretiert werden). Zum anderen probieren sie gleichzeitig aus, welche von den gesellschaftlich bereitgestellten Verhaltens- und Seinsweisen ihrem Geschlecht, ihren Interessen und Fähigkeiten entgegenkommen und wie die Umwelt reagiert, wenn sie Geschlechterzuweisungen überschreiten“ (Focks 2003, S. 16). Sie „tun“ Geschlecht, „doing gender“. Bei dieser Erprobung und Inszenierung zwischen Kindern und in der Interaktion mit Erwachsenen brauchen sie eine bestätigend-ermunternde wie konstruktiv-kritische Begleitung. Sie müssen in dieser Zeit bestärkt werden, ihr Mädchen- oder Junge-Sein so auszuleben, wie es ihnen entspricht. Ohne Spielräume in der Identitätsentwicklung und ohne das Angebot von Alternativen zu herkömmlichen Geschlechterrollen, orientieren sie sich an traditionellen Bildern von Männern und Frauen.

Hier sieht Focks (2003) mehrere Gefahren: die Einschränkung individueller Entfaltungsmöglichkeiten auf das, was jeweils als typisch für Jungen und typisch für Mädchen gilt, das Aufrechterhalten ungleicher Chancen für Jungen und Mädchen und damit die Verursachung oder Verstärkung sozialer Probleme.

Geschlechtsbewusste Pädagogik bewegt sich im Spannungsfeld zwischen der Wahrnehmung geschlechtstypischer Unterschiede einerseits, die stets Verallgemeinerungen beinhaltet, und der Wahrnehmung individueller Einzigartigkeit andererseits (Rohrmann 2003). Erzieher/innen betonen auf der einen Seite, dass jedes Kind „anders ist" und individuell behandelt werden muss, auf der anderen Seite haben sie sich selbst zur Gleichbehandlung von Jungen und Mädchen verdonnert – vermutlich, weil ihnen dieses Vorgehen zur Lösung des Problems am praktikabelsten erscheint oder weil sie glauben, dass sie auf diese Weise beide Geschlechter gleich gerecht behandeln. Untersuchungen belegen immer wieder, dass ungeschulte Erzieher/innen dazu neigen, geschlechtstypische Unterschiede im Kindergartenalter in Frage zu stellen oder ihnen wenig Gewicht beizumessen. Sie sind davon überzeugt, bei ihrem eigenen Verhalten keine generellen Unterschiede zwischen Mädchen und Jungen zu machen und wollen dies auch so. Wenn man ihnen vor Augen führt, dass dies in der Praxis dennoch geschieht, ist ihnen dies eher peinlich und sie deuten es als pädagogisches Fehlverhalten, weil sie die Situation missverstehen. Permien und Frank (1995) sprechen in diesem Zusammenhang von Resten einer Gleichheitsideologie, die die Wahrnehmung und Veränderung geschlechtstypischen Verhaltens erschwert. Noch viel zu wenig bedacht ist, welche Folgen eine derartige Komplexitätsreduktion hat.

Die unterschiedlichen Anlagen verlangen eben *keine Gleichbehandlung*, zwar *gleich viel Aufmerksamkeit*, aber *maßgeschneiderten pädagogischen wie emotionalen Einsatz* und jeweils spezielle Unterstützung für die voneinander abweichenden Bedürfnisse in einzelnen Situationen und für die vielfältig unterschiedlichen Belange und Interessen von Jungen und Mädchen, z. B. eine Vergrößerung des Bewegungsareals für Jungen oder mehr Geräte und Sachbücher bzw. ein vergrößerter Aktivitätsbereich für Mädchen wie auch vielfältigeres und attraktiveres Materialangebot für ihre Rollenspielinteressen. Eine Angleichung in Sachen Gleichwertigkeit und eine Erweiterung der jeweiligen, auch untypischen, Interessen und Verhaltensmöglichkeiten von Jungen und Mädchen kann nur durch eine fundierte, bewusst differenzierende Behandlung erreicht werden. Doch ein derartiges Vorgehen setzt voraus, dass die geschlechtliche Komplexität erkannt und das Problembewusstsein für eine Gleichwertigkeit bei Andersartigkeit gestärkt wird.

Umgang mit Aggressionen

Das Thema Aggression erscheint uns im Entwicklungsverlauf vom Säuglingsalter bis zum Ende der Kindergartenzeit so wichtig, dass wir einen Überblick über neue Ergebnisse hierzu im Zusammenhang präsentieren wollen (vgl. Haug-Schnabel 1999).

Nimmt man zwei bis acht Monate alten Säuglingen ein Spielzeug, an dem es etwas Interessantes zu sehen und zu hören gibt, immer wieder weg, so äußert das einzelne Kind seinen Ärger jedes Mal in ähnlicher Weise. Von Kind zu Kind unterscheiden sich die Reaktionen allerdings erheblich. Schon in diesem frühen Alter hat ein Kind seine typische Form, mit Verunsicherung, Missfallen, Frustration, Ärger und Wut umzugehen und Hindernisse aus dem Weg zu räumen, und behält dieses Muster auch in späteren Jahren bei. Diese individuelle Stabilität ist aus pädagogischer Sicht nicht weiter tragisch. Denn wie schnell ein Kind wütend wird und was es dann macht, hängt zwar auch mit seinem Temperament zusammen, doch sind die Reaktionen der Umwelt auf seine Gefühle und auf deren Ausleben mindestens ebenso einflussreich. Die Reaktionen anderer werden von den Kindern regelrecht abgefragt, um die Spielregeln, die im Zusammenleben gelten, durchschauen zu können. Das ist der Weg, wie sozial verträgliche Auseinandersetzungen gelernt werden. Auf dem gleichen Weg – wenn auch von den Erwachsenen nicht gewollt und oft nicht durchschaut – lernen Kinder aber auch, dass sich Aggression lohnen kann. So wird aufsässiges Verhalten trainiert, indem man sich gegenseitig unter Druck setzt. Das ist der Auftakt zu immer heftiger werdenden Aggressionen.

Wut als ganz normale Gefühlsregung, die Kinder wie Erwachsene gleichermaßen haben, kennen zu lernen und sie auch äußern zu dürfen, ist eine wichtige Lernerfahrung. Denn dann wird Wut fassbar und kann bearbeitet werden. Sie trennt nicht, sondern bildet auch trotz deutlicher Unstimmigkeiten etwas Gemeinsames, auf dem beide Seiten aufbauen können. Zu erleben, dass man auch weiterhin ernst genommen wird, wenn man wütend ist, erleichtert es, einen Konflikt zu beheben. Eine für alle Beteiligten akzeptable Lösung – zumindest, wenn die Erregung etwas abgeklungen ist – ist eine, die nicht verletzt oder gar erniedrigt. Mit der Zeit stellt jedes Kind fest, dass es manchmal Recht bekommt, sozusagen Sieger ist, manchmal hingegen auch ein Kompromiss von beiden Seiten verlangt wird und jeder mitunter nachgeben muss: eine Erfahrung, die nicht hilflos macht, sondern als Orientierungshilfe dient. Bei der Lösung von Konflikten ist Variabilität gefragt, aber das muss man erst lernen, am besten bereits in frühen Jahren. Wer immer nur seinen Kopf durchzusetzen versucht – egal, ob Jung oder Alt – löst keine Konflikte, sondern bereitet neuen Ärger vor. Wichtig ist, dass Erwachsene mit ihrem eigenen Verhalten ein gutes Vorbild bieten.

Aggression ist wichtig

Konflikte gehören zum Leben dazu. Wenn zwei Menschen etwas gemeinsam tun wollen, können zwei verschiedene Meinungen aufeinander treffen. Das lässt sich nicht umgehen und ist auch gut so, denn wenn man gemeinsam einen Ausweg findet, kann das für alle eine wertvolle Erfahrung sein. Aggression wächst sich nicht aus. Das ist eine trügerische Hoffnung. Wer sich auf sie verlässt, schleicht sich aus der Verantwortung. Zeigt ein Kind häufig, heftig und unvermittelt Aggressionen anderen Kindern oder Gegenständen gegenüber, so wissen wir heute, dass diese Ausbrüche nicht übersehen werden dürfen. Nur konsequentes und schnelles Einschreiten, das gut begründet sein muss und das nicht erniedrigend sein darf, aber bei erneutem Regelverstoß zu Konsequenzen führt, kann diesen bereits begonnenen Teufelskreis unterbrechen. Voraussetzung für eine erfolgreiche Intervention ist dabei, dass man sich gleichzeitig auf die Suche nach den Gründen macht, die die Aggression hervorgerufen haben.

Übrigens wissen wir heute zuverlässig, dass Aggressionen wichtig sind. Ohne Aggression würde niemand auf seine Bedürfnisse nachhaltig aufmerksam machen können und diese erfüllt bekommen. So sorgt die *Aggression aus Frustration* während der ganzen Kindheit und Jugend dafür, dass Defizite bei der Befriedigung wichtiger Bedürfnisse sichtbar und dadurch auch behebbar werden. Sie ist oft die einzige Chance, die ein eingeengt erzogenes, überbehütetes Kind hat, um auf seine Einschränkungen hinzuweisen, um sich bewegen, spielen, Neues ausprobieren und auch mal etwas Riskantes wagen zu dürfen. Ohne Aggression könnte sich auch niemand in einer Gruppe wohl fühlen, da er seinen Platz nicht kennen würde, nie mit Sicherheit feststellen könnte, wie weit sein Verhaltensspielraum reicht und wo dieser endet: nämlich genau an der Toleranzgrenze eines seiner Mitmenschen im Kindergarten, in der Familie, in der Schule.

Die *aggressive soziale Exploration* ist eine für Kleinkinder typische, ganz wichtige Aggressionsform. Das Kind muss bewusst gegen soziale Regeln verstoßen und Reaktionen provozieren, um seinen alterstypischen Handlungsspielraum auszuloten und soziale Orientierungshilfen zu erhalten. Auf Versuche, diesen Konflikten auszuweichen, folgen in der Regel weitere, verschärfte Provokationen, da der Interaktionspartner bislang seine Antwort schuldig blieb. Nur indem man sich konsequent verhält und nachvollziehbare Grenzen setzt, schafft man die für das Kind so wichtigen klaren Verhältnisse. Gäbe es keine Aggressionen, so gäbe es dennoch Konflikte im sozialen Miteinander, doch niemand könnte sich durchsetzen, um sie zu beseitigen und zu lösen. Ohne Aggression hätte niemand, schon gar kein Kind, die Kraft, zu widersprechen und „nein" zu sagen – beides sind aber wichtige Voraussetzungen, um sich vor Missbrauch und Misshandlung zu schützen und Ich-Stärke zu entwickeln. Und wo blieben ohne Aggressivität der Leistungswille und die konstruktiven, motivationssteigernden Formen des Wettbewerbs? Auch die Kraft für Neuanfänge, für das Überwinden innerer Widerstände wäre in Gefahr.

Kinder wissen sehr wohl, dass es bei der Aggression auf das richtige Maß ankommt. Sie würden in ihrer Gruppe kein übermäßig aggressives Kind zum „Boss" oder zur „Chefin" aufsteigen lassen. Zu wenig aggressiv darf der oder die Erste der Gruppe aber auch nicht sein. Andernfalls herrscht Verunsicherung. Der „Chef" muss genug Autorität besitzen, um die Richtung vorzugeben, um zu überzeugen, zu schlichten und zu siegen. Auch Zivilcourage kann nur ein Kind beweisen, das nicht jedem Konflikt aus dem Weg geht. Es gibt bereits Fünf- oder Sechsjährige, die Vorurteile erst gar nicht aufkommen lassen: „So ein Quatsch, Mädchen sind nicht doof, du hast nur Angst, dass sie geschickter sind als du!" Es gibt unter ihnen Kinder, die sich für andere einsetzen: „Natürlich darf Pauline mitspielen, sie hat doch das letzte Mal mit ihren kleinen Händen einen tollen Tunnel gebaut!" – „Das find ich blöd, dass du jetzt an Mike rummeckerst, nur weil dir dein Bild nicht so gelungen ist, wie du es wolltest." – „Fändest du es etwa gut, wenn jemand so gemein zu dir wäre?"

Mamakind, Schläger oder Heulsuse?

Im Alter zwischen vier und sechs Jahren bekommen Kinder Etiketten verpasst. Für ihre Eltern, die Geschwister, die Erzieher/innen und die anderen Kinder sind sie: die Heulsuse, unsere Allerschnellste (was meist ironisch gemeint ist), der Schläger, die Liebe, die Wilde, das Mamakind … Häufig wird eine Eigenheit des Kindes aufgegriffen und stark überzeichnet. Ein spottender Unterton fehlt selten. Man vermutet, dass die Gruppenmitglieder – seien sie nun aus der Familie oder aus dem Kindergarten – durch Spott darauf aufmerksam machen wollen, dass das etikettierte Kind aus der Reihe tanzt, irgendwie nicht dazupasst, sich „falsch“ verhält, gibt oder aussieht. Es ist zu schnell, zu langsam, zu laut, zu leise, zu hilflos, zu überheblich. Irgendwelche Ursachen finden sich immer. Die Etiketten signalisieren den betroffenen Kindern, was zu ihrer Ausgrenzung führen könnte, falls sie sich nicht ändern.

Der Schweizer Kinderarzt Remo Largo regt an, darüber nachzudenken, ob diese Verhaltensauffälligkeiten, die uns so offensichtlich ins Auge springen, nicht vielleicht Ausdruck mangelnder Übereinstimmung zwischen den Bedürfnissen des Kindes, seiner Entwicklung und seiner sozialen Umwelt sind. So beschreibt er beispielsweise die Situation eines fünfeinhalbjährigen Jungen, der im Kindergarten wegen seiner heftigen Aggressionen auffiel, bis man seine besondere motorische Ungeschicklichkeit bemerkte, wegen der er in der Gruppe gehänselt wurde. Diese verletzende Außenseiterrolle provozierte erst seine Aggressivität. Ergotherapie und vor allem das Bemühen, das ansonsten völlig normal entwickelte Kind sozial besser einzugliedern, erbrachten eine deutliche Verbesserung. Mit der Gruppe führte man eine Empathieübung durch, bei der alle erfuhren, was es bedeutet, „zwei linke Hände“ zu haben: Die Kinder mussten Figuren ausschneiden und durften dabei nur die linke Hand benutzen.

In allen Bereichen und in allen Phasen kann die Entwicklung eines Kindes von der anderer Kinder extrem abweichen; spätestens im Kindergartenalter provoziert das in der Gruppe massive Reaktionen. Eine fehlende Passung manifestiert sich, wenn das Kind sich zu extrem, zu anstrengend verhält oder aber in der Familie oder Tageseinrichtung zu starre Normen, strukturelle Missstände oder problematische Lebensverhältnisse herrschen. Nicht selten trifft beides zusammen. Die Folge ist, dass das Kind sich nicht wohl fühlt und sein Selbstwertgefühl beeinträchtigt ist; es würde dringend mehr Verständnis, Zuwendung und Nähe brauchen, bekommt diese aber nicht und reagiert nun auf diesen Mangel. Das kann sich in Verhaltensauffälligkeiten wie erhöhter Aggressivität, psychosomatischen Symptomen wie Einnässen oder eigener Zurücknahme niederschlagen, je nach individueller Disposition. Was wäre hilfreicher als Spott? Was würde zu einer besseren Passung beitragen, um das Kind vor einer Fehlentwicklung zu schützen, die sich immer weiter verfestigt? Wichtig ist, ihm keine Entwicklungsschritte aufzudrängen, für die es noch nicht reif ist. Wohlwollende, aufmerksame Gelassenheit dem Kind gegenüber ist angebracht, seine Individualität muss anerkannt, sein Verhalten richtig gedeutet und die eigenen erzieherischen Bemühungen müssen richtig dosiert werden. Anerkennung sollte der Person und nicht der Leistung gezollt werden. Selbstbestimmung und Unternehmungsgeist sollten im Zentrum pädagogischer Bemühungen stehen. Lernabläufe sollten auch Umwege und Irrtümer zulassen, sie sollten fehlerfreundlich sein. Denn je mehr Probleme das Kind aus eigener Kraft gelöst hat, desto größer ist seine Zuversicht, auch bei zukünftigen unerwarteten Problemen schon irgendwie, irgendwann eine Lösung zu finden. Mit fünf bis sechs Jahren sollte man diese Erfahrungen bereits mehrmals gemacht haben.

Auswirkungen pädagogischer Angebote

In Waldkindergärten, Kindergärten mit vielfältigen Bewegungsangeboten und Einrichtungen mit Schwerpunkt „lebenspraktischer Ansatz“ fallen weniger Kinder mit Aufmerksamkeitsschwierigkeiten oder Verhaltensauffälligkeiten, die ihre eigenen Aktivitäten oder die anderer Gruppenmitglieder stören, auf. Woran könnte dies liegen?

Wir haben in den genannten Einrichtungen eine nicht repräsentative Stichprobe von Kindergartenkindern. Man kann davon ausgehen, dass Eltern, die sich über den pädagogischen Schwerpunkt des Kindergartens ihres Kindes bereits vorab intensiv Gedanken machen und sich für eine spezielle Angebotsrichtung entscheiden, auch ihr Kind bewusster erziehen. Kinder, die im Waldkindergarten angemeldet werden, werden auch vorher schon viele Erlebnis- und Spielmöglichkeiten in freier Natur gehabt haben, die auch während der Kindergartenjahre andauern. Das familiäre Angebot umfasste bereits einen Naturbezug. Kinder in „bewegten" Einrichtungen werden mit Sicherheit sportliche Eltern haben oder Eltern, die auf Körperbewusstsein oder Bewegungsfreude einen großen Wert legen. Wer den lebenspraktischen Ansatz wählt, möchte seine Kinder möglichst spielerisch und früh, aber sicher auch altersgemäß, mit echten Alltagsanforderungen konfrontieren und sie die entsprechenden Lösungsmöglichkeiten erfahren und Erfolgserlebnisse machen lassen. Es werden also allesamt Eltern sein, die ihr Kind wenig vor dem Fernseher „parken", die viel mit ihm unternehmen, Angebote für alle Sinne machen und es seine familiäre Einbettung spüren lassen. Unter diesen Kindern finden wir von vornherein weniger Kinder mit Aufmerksamkeitsstörungen.

Auch das pädagogische Angebot weicht von anderen Kindergärten ab. In allen drei genannten Angebotsformen (Wald, Bewegung, Lebenspraxis) ist der Orientierungsrahmen der Kinder recht eng gefasst, es gibt eindeutige Regeln und Grenzen, über die auch nach kürzester Zeit nicht mehr diskutiert, sondern deren Einhaltung gefordert wird. Im Wald agieren, ein vielfältiges, herausforderndes Bewegungsangebot riskieren sowie mit „Echtzeug" statt „Spielzeug" hantieren zu dürfen, setzt voraus, dass es klare Vorgaben gibt, deren Einhaltung überwacht, eine Nichteinhaltung automatisch mit Privilegienentzug und weiteren Konsequenzen einhergeht. Ein fester, klarer Orientierungsrahmen hilft Kindern mit Konzentrationsschwierigkeiten, problematischer Impulskontrolle und Aufmerksamkeitsdefiziten, sich innerhalb dieses Rahmens sicher bewegen zu können. Da alle Regeln für alle gelten, und alle diese Regeln auch einhalten, die Kinder achten selbst darauf, gibt es wenig Verhaltensspielraum für Entgleisungen.

Auf der anderen Seite ist der Handlungsrahmen ausgesprochen groß. Es gibt nahezu unendliche Möglichkeiten zu spielen, zu agieren und kreativ zu werden. Um es an einem der Angebote exemplarisch darzustellen: Der Wald bietet durch sein sehr wechselndes Angebot – tageszeitabhängig, jahreszeitabhängig, ortsabhängig, wetterabhängig – eine ungeheuer große Vielfalt an Spielmöglichkeiten für das Einzelkind, für die Kleingruppe wie für die Großgruppe. Hier werden Kinder mit größerer Wahrscheinlichkeit Tätigkeitsmöglichkeiten vorfinden, die ihren momentanen Bildungs- und Betätigungsbedürfnissen optimal angepasst sind. Man geht davon aus, dass hier keine große Diskrepanz zwischen dem vom Kind Geforderten – wie gesagt in einem sicher vorgegebenen Rahmen – und dem vom Kind Gewünschten zu finden sein wird. Es stimmt also nicht, dass „schwierige" Kinder in Waldkindergärten weniger auffallen – nach dem Motto, hier ist sowieso mehr Durcheinander –, sondern es ist gerade andersherum: da wenig Durcheinander möglich ist, aber viele Handlungsmöglichkeiten gegeben sind, haben die Kinder mit weniger Schwierigkeiten zu kämpfen, die sie auffallen lassen und isolieren würden.

In den drei genannten Angebotsformen des Kindergartens findet man zusätzlich eine sehr intensive Elternarbeit, vor allem, um die Eltern mit der Konzeption und den pädagogischen Zielvorstellungen des Kindergartens vertraut zu machen. Gerade bei den Waldkindergärten erleben die Teams immer wieder, dass die Eltern am Anfang große Angst haben, dass der Wald zu unüberschaubar ist, das Kind zu wenig beobachtet wird. Diese Angst schlägt recht schnell in die Befürchtung um, dass die Kinder im Wald zu streng gehalten werden, nämlich sobald die Eltern erkannt haben, wie viele Regeln in diesem offenen Spiel- und Agitationsfeld beachtet werden müssen, z. B. auch Regeln, wie man mit der Natur, mit Pflanzen, Tieren etc. umgeht. Oftmals sind es Schnuppertage, die den Eltern klar machen, dass hier das Geheimnis des Erfolges in der notwendigen Balance zwischen Einschränkung und Freiheit liegt und dass diese genau das ist, was Kinder dieses Alters, vor allen Dingen auch sehr muntere, motorisch agile Kinder brauchen.

Nicht zu vergessen ist, dass in allen drei genannten Einrichtungstypen die Erzieher/innen auch oder gerade in der Freispielzeit anblickbar, ansprechbar, befragbar und miteinbeziehbar sein müssen, was ein ganz anderes Wissen über jedes Kind, seinen Entwicklungsverlauf und seine Kompetenzen mit sich bringt. Nicht alle Kindergärten müssen zu Wald-, Bewegungs- oder Lebenspraxis-Kindergärten werden, aber unabhängig von der Angebotsform sollte überall der Orientierungsrahmen eindeutige, sicher machende Vorgaben geben, der Handlungsrahmen aber so groß wie möglich sein, um Erfahrungen sammeln und Entdeckungen machen zu können. Genauso wichtig sind präsente Erzieher/innen, die nicht durch Vorbereitungs- oder Nachbereitungsarbeiten an der eigentlich wichtigen Arbeit am Kind gehindert werden, ebenfalls eine pädagogische Anforderung, die unabhängig von der Angebotsform sein sollte.

VIII. Das siebte bis zehnte Lebensjahr

Der Übergang vom Kindergarten in die Schule ist für viele Kinder ein besonderer Lebensabschnitt. Kinder haben bis zum siebten Lebensalter bereits mehrere Entwicklungsübergänge geleistet. Beim Schuleintritt werden die Rollen des Kindes innerhalb der Familie, zu Freunden und zu den Lehrerinnen neu geklärt. Hierzu benötigt es Kompetenzen wie z. B. Selbstständigkeit, Gruppenfähigkeit, Durchsetzungsfähigkeit, Ausdrucksfähigkeit, die das Kind als „schulfähig" einstufen. Grundschulkinder denken mehr und sachorientierter, es gelingt ihnen zunehmend besser, Probleme zu beschreiben und Lösungen abzuleiten. Gleichermaßen wird das Kind im Schulalltag Situationen erfahren, in denen es sich mit anderen vergleicht, unter Umständen kann hier eine Minderung des Selbstwertgefühls hervorgerufen werden, da das Kind erfährt: „Ich bin im Schreiben nicht so gut wie mein Schulfreund." Daraus abgeleitet entsteht eine verstärkte Leistungsmotivation. In jedem Fall ist es in dieser Lebensspanne besonders wichtig, geeignete Entwicklungsanreize zu schaffen, die Kinder neugierig machen und nicht demotivieren. Schule wird hier aufgefordert, kindgemäße Angebote bereit zu stellen.

Schulbeginn – ein erneuter Übergang

Der Eintritt in die Schule bringt für das Kind eine sehr umfassende Erweiterung und Neustrukturierung seiner Erlebenswelt mit sich. Viele Regeln bestimmen nun seinen Tagesablauf. Der unstrukturierte Raum zum Träumen oder freien Spielen wird zunehmend weniger. Stattdessen wird eine feste Zeitstruktur fürs Aufstehen und Zubettgehen, fürs Essen, den Schulweg, das Zusammensein mit anderen, für Hausaufgaben sowie für Zeiten, in denen man sich bewegen darf und in denen man still sitzen muss, sichtbar. Diese Altersspanne zeigt sich ohne Zweifel als besonders erlebnisreicher Lebensabschnitt. Die Kinder bewegen sich in einem Spannungsfeld: Auf der einen Seite sind sie noch ganz Kind, leben in der Gegenwart, im Hier und Jetzt, erleben sehr intensiv, können völlig im

Spiel aufgehen und die Zeit vergessen. Auf der anderen Seite entwickeln sie viele neue geistige und soziale Kompetenzen und erproben in Schule und Spiel mit anderen Kindern Kooperation aber auch Wettbewerb. Moralische Prinzipien wie Gerechtigkeit, Gleichheit und die Verpflichtung auf gemeinsam erarbeitete Regeln werden zunehmend wichtiger. Kinder sind durchaus motiviert, in die Schule zu gehen. Sie wollen ernst genommen werden, zeigen, dass sie etwas können, und dass sie bereit sind, sich an Verbindlichkeiten zu halten. Grundschulkinder gestalten ihre Lebenswelt zunehmend selbstständiger, erobern sich immer größere Freiräume; das heißt, sie stehen weniger unter der Kontrolle von Bezugspersonen, was automatisch mit einem Rückgang an individueller Aufmerksamkeit ihnen gegenüber einhergeht.

Mehrere Entwicklungsübergänge hat ein Kind von der Geburt an bis zum Alter von sieben Jahren hinter sich zu bringen. Emde (1998) beschreibt diese Übergänge als Entwicklungsphasen, in denen tief greifende, anhaltende Veränderungen und eine Neuorientierung in der Beziehung zum persönlichen Umfeld vom Kind verlangt werden. Solche Übergänge beinhalten Veränderungen im Kind und in der Familie. Im

Mittelpunkt dieses Prozesses steht die emotionale Kommunikation. Der letzte dieser Übergänge im Alter zwischen fünf und sieben Jahren ist durch das Erlangen und Differenzieren von Fähigkeiten wie Wahrnehmung, Aufmerksamkeit sowie soziale und emotionale Regulierung gekennzeichnet. Ist dieser Entwicklungsstand erreicht, spricht man im medizinischen Bereich von Schulreife. Mit Schuleintritt definieren sich die Rollen des Kindes in der Familie, zu den Gleichaltrigen und zu den Lehrern und Lehrerinnen neu.

Zur erfolgreichen Bewältigung der aus den Entwicklungsübergängen resultierenden Anforderungen bedarf es kindeigener Potenziale, wie soziale Kompetenzen oder Intelligenz, sowie der Unterstützung durch „alte" und „neue" Bezugspersonen. Bei Erziehungsübergängen, wie z. B. dem Eintritt in den Kindergarten oder die Einschulung, werden bestehende Beziehungen und Gewohnheiten gelockert oder verschwinden, während eine Reihe von Entwicklungsanforderungen gemeistert werden müssen, wie z. B. die Eingliederung in ein neues Umfeld oder in eine neue Peergroup. Entwicklungsübergänge bergen somit einerseits ein erhöhtes Risiko für psychische Störungen – wenn eine Auseinandersetzung mit den resultierenden Anforderungen misslingt – andererseits jedoch können sie auch eine Chance darstellen, wenn das Kind in einer neuen Umgebung positiven Einflüssen ausgesetzt ist. Übergänge in ein verbessertes Lebensumfeld können genutzt werden, um den weiteren Entwicklungsverlauf eines Kindes in angemessenere Richtung als bisher zu lenken (Petermann u. a. 2004).

Der Übergang vom Kindergarten in die Schule kann ein Problem sein, muss es aber nicht. Wenn Kindergartenerziehung und Schulerziehung besser aufeinander abgestimmt sind, wenn es um „lebensweltbezogene Verzahnungen von Kindergarten und Schule" (Knauf 2003) geht, hat das Thema Schulfähigkeit einen erheblich geringeren Stellenwert. Wenn man Kinder während der gesamten Kindergartenzeit regelmäßig beobachtet und die dokumentierten Beobachtungen z. B. in Portfolios sammelt, kann man mit diesem Dokumentationsmaterial gemeinsam Förderkonzepte entwickeln und den Eltern qualitative Informationen über den Entwicklungsprozess ihres Kindes geben. Aus Skandinavien und den Niederlanden liegen uns viele erfolgreiche Modelle eines institutionell begleiteten Übergangs zwischen Elementar- und Primarbereich vor.

Die Transitionsforschung zeigt uns, dass Übergänge auch entwicklungsfördernd sein können. Entscheidend ist, wie der Übergang vorbereitet und begleitet wird. Das gilt auch schon für den Übergang von der Familie in den Kindergarten.

Kinder suchen nach Beständigkeit und Voraussagbarkeit. Aber sie haben auch ein Recht darauf, zu spüren, dass sie sich weiterentwickeln, dass sie bewusst zu Neuem übergehen, wo noch Unbekanntes ansteht – sie haben ein Recht darauf, dass ihnen mehr zugetraut wird. Es geht also darum, Diskontinuitäten als Herausforderung und Entwicklungsanreiz zu akzeptieren, Übergänge als notwendiges Element von Lebensgeschichten zu begreifen. Mehr noch: ein gut begleiteter Übergang kann die seelische Widerstandskraft eines Kindes, seine Resilienz, stärken (Niesel et al. 2008). Doch dieses Modell verlangt von Pädagog(inn)en und Eltern viel: der herausfordernde Charakter der neuen Situation muss erhalten bleiben, gleichzeitig muss durch Vertrautes und Verlässliches Überforderung vermieden werden. Und genau darauf muss man vorbereiten, aber nicht mit Vorschulmappen und Still-Sitz-Übungen. Es geht darum, Lernfreude zu schaffen, indem man den Kindern Kompetenz- und Selbstwirksamkeitserfahrungen ermöglicht, mit differenzierten Lernstrategien, die Räume öffnen fürs Erkunden, Experimentieren, Staunen, Entdecken, Fragen, Sammeln, Ordnen, Planen, Dokumentieren und Präsentieren. Schulvorbereitung sollte Kinder stark machen im aktiven Umgang mit Krisen und Problemen, indem sie positive Rückmeldungen erhalten und so lernen, auf eigene Fähigkeiten zu bauen. So können sie einerseits auf Zuversicht als Teil ihres Selbstkonzepts bauen, sind andererseits aber auch in der Lage, die Hilfe anderer anzunehmen (Knauf 2003).

Das Thema Schulfähigkeit

Nicht zu Unrecht fragt Armin Krenz (2003), ob es überhaupt Aufgabe von Familie und Kindergarten sei, Kinder bereits im Vorfeld schulfähig zu machen. Ist dies nicht eher Aufgabe der Schule selbst? Die Schulfähigkeit an einem 15-minütigen Test oder mithilfe eines Schulfähigkeitsprofils, dem ein defizitorientiertes Lernverständnis zu Grunde liegt, ablesen zu wollen, ist sicher ein äußerst fragwürdiges Verfahren. Man kann durch den Test vielleicht Defizite oder Ausfälle erkennen, womit man aber noch lange nicht weiß, wie differenziert ein Kind sich wirklich bewegen oder seine Sinne gebrauchen kann, geschweige denn, wo seine individuellen Begabungen liegen. Von vielen Entwicklungsspezialisten und Pädagog(inn)en wird – mit hoher interdisziplinärer Übereinstimmung – darauf hingewiesen, dass sich aus einem festgestellten Defizit keineswegs die nötigen Interventionsschritte ableiten lassen. Für eine geeignete Einschätzung des Kindes wäre es sinnvoll, auf die jahrelange Erfahrung der Erzieher/innen mit dem Kind – etwa in Form eines Gutachtens – zurückzugreifen.

Ob ein Kind *schulfähig* ist, hängt zum einen von seinem Entwicklungsstand ab, aber auch von seinem familiären und sozialen Umfeld, das willens und in der Lage sein muss, das Kind zu fördern; und es hängt von der Schule ab, denn nicht nur das Kind muss sich auf die Schule vorbereiten, sondern auch die Schule auf das Kind. Sie muss dem einzelnen Kind mit seinen Lernvoraussetzungen gerecht werden. Inzwischen ist der Begriff *schulreif* zumindest wissenschaftlich verpönt, weil keine wie auch immer gearteten Reifungsvorgänge abgewartet werden müssen, bevor Schulfähigkeit bescheinigt werden kann. *Bereit für die Schule* ist ein Kind, wenn es bei zahlreichen Gelegenheiten erfahren hat, dass es selbstständig entscheiden und handeln kann, wenn es mit Erfolg und dem Bewusstsein eigener Fertigkeiten ebenso umgehen kann wie mit Situationen des „dosierten Scheiterns", wenn es über Gruppenfähigkeit, Durchsetzungsvermögen, Rücksichtnahme, verbale Ausdrucksfähigkeit, Spielkompetenz und Frustrationstoleranz verfügt.

Die kindlichen Lebens- und Lernbedingungen haben sich geändert, unser Entwicklungswissen hat sich vermehrt, also muss sich auch unser „vorschulisches" und schulisches Angebot entsprechend ändern. Wir müssen dem Kind einerseits unsere kulturtypischen Fertigkeiten beibringen, den Umgang mit vielfältigen Materialien und Werkzeugen ermöglichen. Dabei muss es sich auf Vorerfahrungen mit vergleichbaren Anforderungen beziehen und hierbei auf Wissen über seine Handlungsmöglichkeiten zurückgreifen können (*epistemische Kompetenz*). Auf der anderen Seite müssen wir aber auch ein stabiles Selbstbewusstsein beim Kind entstehen lassen, was offensichtlich die wichtigste Voraussetzung ist, damit ein Kind im Vertrauen auf die eigenen Fähigkeiten neue Situationen bewältigt und bislang noch nicht aufgetretene oder noch nie in Angriff genommene Probleme löst (*heuristische Kompetenz*).

Man diskutiert über Schulfähigkeit, weil ein Kind beim Übergang vom Kindergarten in die Schule Anpassungsleistungen in den verschiedensten Bereichen erbringen muss. Es muss von seinen Erzieher/innen und vielen seiner Spielkameraden Abschied nehmen, verliert die vertraut gewordene Alltagsroutine, muss sich gehäuft Fragen stellen und sie beantworten, ist wieder bei den „Kleinen" angekommen, muss neue Regeln verinnerlichen, Bewertung ertragen und Leistungserwartungen aushalten. Können Tests vorab klären, ob ein Kind diese Leistungen erbringen wird? Außerdem wurde festgestellt, dass mehr als die Hälfte der Kinder, die den Testanforderungen nicht gerecht geworden, aber trotzdem eingeschult worden waren, gut im Unterricht mithalten konnten. Auf der anderen Seite gab es immer wieder Kinder mit Problemen nach dem Schulstart, die sehr gute Testergebnisse erzielt hatten. Die anhaltende Kontroverse hat dazu geführt, dass neben den üblichen Testverfahren inzwischen auch andere Aufnahmeverfahren Verwendung finden, die großen Wert auf übergreifende Entwicklungskompetenzen legen, die in einem Sinnzusammenhang stehen: die emotionale, soziale, motorische und kognitive Schulfähigkeit, jeweils durch Basiskompetenzen gekennzeichnet. Erst wenn bei einem Kind mehrere dieser Kompetenzen kaum ausgeprägt sind, ist die Wahrscheinlichkeit hoch, dass es einen schwierigen Schulstart haben kann. Gemeinsame Beobachtungen von Familie und Kindergarten über einen längeren Zeitraum können hier zu einer realistischen Einschätzung verhelfen.

Vier relevante Bereiche der Schulfähigkeit und die dazugehörigen Basiskompetenzen (nach Krenz 2003):

emotionale Schulfähigkeit:
- auch bei schweren Aufgaben nicht zu kapitulieren und sich zurückzuziehen (Belastbarkeit),
- Enttäuschungen verkraften zu können, wie etwa beim Melden nicht immer drangenommen zu werden,
- sich angstfrei neuen Situationen stellen zu können, z. B. bei einem vorübergehenden Lehrerwechsel bei dem nicht alles wie gewohnt läuft oder bei einer Klassenarbeit plötzlich neue Aufgabentypen auftauchen,

- auch wenn eine Aufgabe nicht sofort richtig gelöst wird, die Zuversicht zu besitzen, es irgendwie mit den vorhandene Lernkompetenzen auf anderem Weg zu schaffen.

soziale Schulfähigkeit:

- anderen Kindern zuhören können und eigene Wortbeiträge aufschieben können,
- sich auch durch eine generelle Ansprache des Lehrers angesprochen zu fühlen,
- wichtige Regeln des Gruppenlebens erfassen und meist einhalten zu können,
- mit Konflikten konstruktiv umgehen zu können, Aushandeln über Sprache, Kompromisse finden.

motorische Schulfähigkeit:

- Finger- und Handgeschicklichkeit, viso-motorische Koordination (z. B. Sehen und Handbewegung abstimmen zu können),
- Eigeninitiative zu bringen, z. B. die Lehrerin mit einer Lösungsidee anzusprechen oder um Hilfe zu bitten,
- Belastungen durch andere Kinder oder widrige Umstände (z. B. hoher Lärmpegel) erkennen zu können und dagegen aktiv zu werden,
- eine gute Wahrnehmung des eigenen Körpers, ein guter Gleichgewichts- und Berührungssinn.

kognitive Schulfähigkeit:

- Ausdauer, Aufmerksamkeit und Konzentrationsfertigkeit, sich z. B. eine Viertelstunde mit einem neuen Thema ohne Ablenkung intensiv zu beschäftigen,
- ausreichende Merkfähigkeit und Gedächtnis, um Gehörtes und Gesehenes speichern und wiedergeben zu können,
- Neugierde, eigenes Lerninteresse an der Auseinandersetzung mit fremden Lerninhalten,
- die Fähigkeit zum folgerichtigen Denken, um Beziehungen und Gesetzmäßigkeiten zu erkennen und zu erfassen (Wenn … dann, weil … darum, erst … dann).

Das Denken von Grundschulkindern

Die Kinder denken zunehmend sachorientierter. Besuche im Zoo oder im Museum werden deutlich interessanter. Die Kinder haben das Bedürfnis, die Dinge der Welt erklären zu können. Sie versuchen immer mehr, Zusammenhänge zu entdecken und zu verstehen. Sie können sich wesentlich besser konzentrieren und lassen sich gern auf Neues ein, um dabei ein realistisches Weltbild zu entwickeln. Sie interessieren sich auch zunehmend für Details, für minimale Unterschiede von Objekten. Viele Kinder beginnen in diesem Alter mit dem Sammeln von Gegenständen – Briefmarken, Muscheln, Steine. Sie nehmen sich und die Umwelt bewusster wahr und bleiben länger bei einer Sache.

Das Gedächtnis ist nun deutlich besser. Vierjährige verfügen noch nicht über Gedächtnisstrategien. Fordert man sie beispielsweise auf, sich die einzelnen Namen einer Kindergruppe zu merken, steigert diese Aufforderung ihre Merkfähigkeit nicht. Bei Acht- oder Zehnjährigen kann dies die Gedächtnisleistung jedoch beträchtlich steigern. Während Sechsjährige noch sehr unsystematisch nach verlorenen Gegenständen suchen, überlegen sich etwa Zwölfjährige gezielt, wo sie den Gegenstand zuletzt benutzt haben. Den Kindern gelingt es immer besser, Probleme zu definieren und mögliche Lösungen zu finden. Auch die logischen Fähigkeiten verbessern sich nach dem sechsten Lebensjahr beträchtlich. Für Schlussfolgerungen gehen die Kinder über das unmittelbar Sichtbare hinaus und stellen Hypothesen auf. Fehlende Informationen in einer Geschichte ergänzen sie durch Erfahrungen aus ihrem eigenen Leben und sie wissen auch eher um die Grenzen ihres Wissensstandes. Soll beispielsweise ein vierjähriges Kind auf einem Parkplatz nach einem gelben Auto Ausschau halten, wird es, wenn dort mehrere stehen, irgendein gelbes Auto aussuchen. Ein siebenjähriges Kind wird dagegen weitere Informationen einholen, bevor es sich dann gezielt auf die Suche macht.

Grundschulkinder sind sich selbst und anderen gegenüber zunehmend kritisch eingestellt. Nur zum Teil kann eigenes Unvermögen bereits akzeptiert werden. Die Kinder sind in der Lage, eigenständig (auch mal selbst gewählte) Aufgaben im Alltag zu übernehmen. Während Freundschaften mit Klassenkameraden und Nachbarkindern immer wichtiger werden, bahnt sich allmählich eine Loslösung vom Elternhaus an. Die Schule bedingt nicht nur eine Wissensvermittlung, sondern es findet eine grundsätzliche geistige Umstrukturierung statt, indem vorhandenes Wissen und Umwelterfahrungen neu geordnet werden. Der Erwerb der Schrift ist dabei von besonderer Bedeutung. Dem Grundschulkind gelingt es zunehmend, Begriffe nach ihren Merkmalen zu bestimmen. Während im Kindergartenalter noch Funktion und Verwendung der Objekte für deren Bestimmung wichtig waren, geschieht dies nun auf der Grundlage wahrgenommener, zunächst zufälliger, dann aber immer mehr ausgewählter, verallgemeinerter, für das Objekt wesentlicher Merkmale. Zum Ende der Grundschulzeit hin erfolgt dann bereits eine Einordnung von Begriffen in Kategorien. Für die Lernmotivation des Grundschulkindes ist es wichtig, auf der einen Seite emotional anregendes Lernmaterial zur Verfügung zu haben, das es motiviert; auf der anderen Seite ist bereits die neue Position, Schüler zu sein, für das Kind so bedeutungsvoll, dass es das Kind zum Lernen motiviert. Auch das Lernen für die Lehrer/innen und die Eltern spielt eine große Rolle, ebenso der Vergleich mit anderen Kindern.

Kindgemäße Angebote der Schule an die Kinder

Eine zunehmend komplexere, „weit geöffnete" Welt der Schule schafft einerseits neue Möglichkeiten, daran teilzuhaben, sich mit vielen Themen und Geschichten zu beschäftigen, verlangt aber andererseits von den Kindern mehr Orientierungsarbeit als je zuvor (Kazemi-Veisari 2002). Kinder sind in der Lage, auf diese neuen Herausforderungen aktiv zu reagieren, indem sie die angebotenen Inhalte und Geschichten spielerisch zusammen mit anderen Kindern neu besetzen und in ihr eigenes Lebenskonzept nur so weit einbauen, wie sie passen. Eigene Kulturarbeit ist also kein simples Nachahmen, sondern aktive Aneignungsarbeit.

Für den Erfolg dieser Arbeit ist es entscheidend wichtig, welche Lernbedingungen von den Erwachsenen geschaffen werden. Die Pädagog(inn)en müssen darüber entscheiden, ob sie Lernen als den Erwerb von Können und Wissen definieren, dessen Richtigkeit Erwachsene festlegen, oder ob Lernen als fantasievolles, neugieriges Handeln, als ein mutiges Ausprobieren und Überprüfen von Hypothesen betrachtet wird.

Gesteht man den Kindern ihre besonderen Interessen und ihr spezifisches Lerntempo zu oder steht das Training eines Lernkatalogs im Vordergrund? Die Antworten auf diese Fragen werden zwischen klassischem Schulsystem oder moderner Lern- und Forscherwerkstätte entscheiden. Gegenwärtig diskutiert wird aber auch die Frage nach dem geeigneten räumlichen, zeitlichen, materiellen und inhaltlichen Angebot für eine lernfreundliche Umgebung. „Was muss selbst ausprobiert und getan werden, um es begreifen und handhaben zu können, mit was und mit wem muss man in Kontakt kommen, was muss man wissen in dieser Welt der Fülle?“ (Kazemi-Veisari 2002) Die Frage nach dem geeigneten Weltwissen, nach einem Bildungskanon wird diskutiert. Handlungskonzepte für lebendiges Lernen dürfen dabei nicht in einem isolierten Schulalltag stattfinden, sondern beinhalten eine Öffnung nach innen und außen. Dabei sind die individuell unterschiedlichen Lerngeschichten, die aktuellen Themen der Kinder zu erfassen und zu berücksichtigen. Statt festgelegter Programme müssen Pädagog(inn)en fragend und forschend handeln. Es geht um vielseitiges und ganzheitliches Lernen, um dynamische Projekte, nicht um bis zum Schluss durchgeplante Programme. Dazu braucht es Raum, Zeit, Gelegenheit zur Vertiefung, Kleingruppenarbeit und die Bereitschaft der Lehrenden, selbst zu lernen und den eigenen Blickwinkel immer wieder neu zu hinterfragen. Ziel ist dabei ein Lernkollektiv, eine Lebensgemeinschaft auf Zeit, die es den Kindern ermöglicht, selbstständig und beziehungsreich zu sein, Stabilität zu erfahren, ohne Bevormundung.

„Kinder können mehr, als wir wahrnehmen und ihnen zutrauen. Sie brauchen keine fertigen Antworten auf Fragen, die sie nie gestellt haben. Wenn es um die Sache geht und nicht um dürren ‚Stoff‘, tüfteln sie stundenlang an Aufgaben, organisieren ihre Arbeit selbst und setzen sich eigene Ziele. Lernen spielend, was sie sollen, und soziale Tugenden dazu“ (Czisch 2005). Einige Pädagogen, wie z. B. Klaus Wolf (2000), gehen in ihren Visionen noch weiter. Sie wollen Lern- und Lebensfelder so arrangieren, dass junge Menschen darin sich selbst kontrollieren lernen, sogar die Fähigkeit entwickeln, auf sich selbst Zwang auszuüben. Denn eigenbestimmt und eigeninitiativ erhöhen Menschen ihre Chancen, etwas doch noch, auch gegen einen inneren Widerstand, zu tun oder es eben aus eigener Überzeugung nicht zu tun.

Sprache wird zum Informationsträger

Die Kinder können sich jetzt im Kommunikationsstil dem Entwicklungsstand ihres Gesprächspartners anpassen, also berücksichtigen, was dieser an Vorkenntnissen und altersabhängigem Wissen aufweist. Das heißt, sie erklären Sachverhalte Erwachsenen anders als Gleichaltrigen oder jüngeren Kindern. Im Laufe der Grundschulzeit erfährt die Sprache durch Lesen und Schreiben zunehmend eine Vergegenständlichung und Formalisierung. Das bedeutet, dass der ganzheitliche, kreative, erlebnisbetonte Sprachstil zum Ende der Grundschulzeit hin immer mehr absichtsvoll angewandt und gestaltet wird.

Die verbale Kommunikation perfektioniert sich zusehends, was wiederum eine Voraussetzung für größere spielerische Vorhaben ist. Kinder mit Sprachproblemen werden auf Grund ihres Defizits zuweilen von alterstypischen Aktivitäten ausgeschlossen. Aber erfreulicherweise gibt es bereits viele sozial kompetente Kinder, die gerne und geschickt die Dolmetscher- oder Vermittlerrolle übernehmen – mitunter erfolgreicher und integrativer, als es den Erwachsenen gelingt. Sprache wird auch zum bevorzugten Träger von Information. Wissens-, Verständnis- und Sinnfragen nehmen in einem Maße zu, dass es die Befragten oft stark beansprucht und überfordert. Vor allem Naturphänomene interessieren, verstärkte Begeisterung für Physik kommt auf, Material- und Werkzeugerprobung erreichen einen neuen Höhepunkt. Die Fragen der Kinder dürfen nicht ignoriert werden. Mit falschen Antworten darf man sie nicht abspeisen: Das hinterlässt nicht nur – je nach Typ – Enttäuschung oder Zorn, sondern führt auch dazu, dass die Wissbegier allmählich zurückgeht. Denn Fragen ist Erkundungsverhalten mit dem Mittel der Sprache.

Selbstwert und Umgang mit Emotionen

Grundschulkinder sind in der ersten Klasse noch sehr überzeugt von sich und ihren Fähigkeiten. Der Schulalltag führt jedoch dazu, dass verstärkt Situationen auftreten, in denen das Kind sich mit anderen vergleicht. Infolgedessen kommen ältere Schulkinder zu einer realistischeren Einschätzung eigener Fähigkeiten, was aber auch automatisch mit einer leichten Minderung des Selbstwertgefühls einhergeht. Ihre zunehmend differenziertere Selbstwahrnehmung beinhaltet aber auch die Möglichkeit, dass diese leichte Selbstwertverminderung durch außerschulische Aktivitäten kompensiert werden kann. Grundschulkindern gelingt es immer besser, die eigenen Emotionen zu regulieren und in den Griff zu bekommen. Auch das Verständnis hinsichtlich der Gefühle anderer wird immer besser. Sechsjährige wissen bereits, dass die echten Gefühle einer Person nicht mit dem übereinstimmen müssen, was diese körperlich oder mimisch zum Ausdruck bringt. Sie wissen, dass man Gefühle verbergen kann. Und sie verstehen, dass andere Menschen andere Emotionen haben können als man selbst, und in verschiedenen Situationen auch unterschiedliche Emotionen zeigen können. Emotionale Kompetenz wirkt sich auch auf den Schulerfolg der Kinder aus. Können sie ihre Gefühle gut regulieren, vorwiegend positive Gefühle zeigen, sich in ihre Mitschülerinnen und Mitschüler hineinver setzen und kooperieren, profitiert auch ihre Schulleistung davon.

Im Alter von sechs bis zehn Jahren gewinnt die Konfrontation mit Leistung eine neue Bedeutung. Wer mit dieser Altersgruppe arbeitet, weiß, wie wettbewerbsorientiert die Kinder sind. Sie vergleichen, wetteifern anfangs zum Spaß, geraten dann aber sehr schnell in Konkurrenzsituationen, die Erwachsene gelegentlich noch durch unbedachte Vorgaben schüren. Zu krampfhafter Ehrgeiz isoliert die Einzelkämpfer. Wer andererseits zu oft verliert, läuft Gefahr, zu resignieren und sich nicht mehr anzustrengen, um frustrierende Situationen nicht noch einmal zu erleben. Das wird schwierig, denn das Regelspiel, das ohne Sieger und Verlierer nicht auskommt, wird zur beliebtesten aller Spielarten und zudem immer komplexer. Mit acht bis zehn Jahren erreicht die Beliebtheit von Brett-, Karten- und Kombinationsspielen ihren Höhepunkt. Im Regelspiel „trainiert“ das Kind seine soziale Anpassungsfähigkeit. Vor allem im Rahmen der Mannschaftsspiele lernt es, seine eigenen Impulse zugunsten der Gemeinschaft zurückzustellen. Dabei übt es Rücksichtnahme und Loyalität und lernt schließlich auch, Niederlagen zu verkraften.

Leistungsmotivation

Der Wunsch, etwas gut zu können, lässt Leistungsmotivation aufkommen. Dabei ist das Zusammenspiel zwischen eigenen Erwartungen und erhofftem Wert einer Leistung entscheidend. Stellen wir uns ein Kind vor, das gerne Fahrrad fahren möchte, es aber noch nie versucht hat. Der Erfolgsanreiz ist hoch, da es sich um eine schwierige Leistung handelt, die einen hohen Wert besitzt. Diesem hohen Anreiz steht die Angst vor einem durchaus möglichen Misserfolg gegenüber. Ein Konflikt zwischen Hoffnung auf Erfolg, der stolz machen würde, und Furcht vor Misserfolg, für den man sich schämen würde, entsteht. Je nach Vorerfahrung besitzt das Kind entweder ein dominierendes Erfolgsmotiv, was es einen Versuch wagen lässt, oder ein dominierendes Misserfolgsmotiv, mit welchem das Kind es – selbst bei guten Chancen auf Erfolg – gar nicht erst zu probieren wagt. Generell zeigen sich einige Kinder eher erfolgsorientiert, während andere vor allem versuchen, Misserfolge zu vermeiden – eine Orientierung, die zum Persönlichkeitsmerkmal werden kann und damit das weitere Leistungshandeln stark beeinflusst.

Wie entwickelt sich die Leistungsmotivation?

Jedes Kind startet mit individuellen *Erwartungen*. Ganz zu Anfang etwa: „Kann ich meine Bedürfnisse klar signalisieren, ändert sich nach meiner Aktion etwas für mich, bewirke ich etwas, kann ich schon ein bisschen Einfluss nehmen?“ Dann gleicht es seine Erwartungen mit seinen *Erlebnissen* ab: „Wie komme ich zurecht? Habe ich es so erwartet, oder mit etwas ganz anderem gerechnet?“ Je nach Ergebnis dieses Abgleichs fallen die kindlichen *Erfahrungen* aus: „Das war eine gute Erfahrung, so mache ich das wieder. Das war eine schlechte Erfahrung, die ich nicht mehr machen möchte.“ Die Erfahrungen haben einen großen Einfluss darauf, wie ein Kind sich fühlt und in Zukunft verhalten wird. Sie prägen seine *Emotionen* (vgl. Haug-Schnabel & Schmid-Steinbrunner 2002).

An dem Angebot der Erlebnisse und den dabei gesammelten Erfahrungen haben Eltern und Pädagog(inn)en einen bedeutenden Anteil. Über die Gestaltung der kindlichen Lebenswelt wirken sie auch auf alle weiteren Erwartungen des Kindes und auf seine Leistungen. Hiervon hängt es ab, welche Erlebnisse ein Kind auch zukünftig zulassen wird, welche es von sich aus sucht oder bewusst meidet. So erweitert es selbst seinen Erlebnisrahmen oder engt ihn ein. Der wiederum entscheidet darüber, ob es zu neuen Erfahrungen kommen kann, vielleicht sogar zu besseren als bisher. Sind die Erfahrungen jedoch oft positiv, verlieren Kinder ihre Ängste und werden immer offener für Neues, zuversichtlicher und selbstbewusster in ihrem Auftreten und Handeln: Das traue ich mir jetzt zu. Ich versuche es. Ich glaube, ich kann es! Und schon sucht das Kind nach anderen Erlebnissen und ist bereit, seinen Handlungsspielraum erneut zu vergrößern. Es stellt fest:

- Ich gestalte meine Umgebung mit.
- Ich suche mir Erlebnisse und Interaktionspartner.
- Ich bringe mich ein und leiste etwas.

Und wie sieht das aus? Gegen Ende des ersten bzw. zu Beginn des zweiten Lebensjahres zeigt das Kind eine starke Motivation, vieles selbst zu machen. Ab dreieinhalb Jahren zeigen sich Freude und Stolz über gelungene Aktionen und Werke sowie Enttäuschung über Misserfolge. Der Erfolg wird meist auf die eigene Tüchtigkeit zurückgeführt. Mit fünf sind die Kinder in der Lage, den Schwierigkeitsgrad von Aufgaben in eine Erfolgsbilanz miteinzubeziehen. Mit viereinhalb Jahren setzt sich ein Kind bei anstehenden Aufgaben bereits auf vorangegangene (Miss-)Erfolge abgestimmte Ziele. Die individuelle Einschätzung des eigenen Könnens gilt als Maßstab. Im Grundschulalter liefert dann der soziale Vergleich mit anderen Kindern den Bezugsrahmen. Anfänglich sind Kinder nicht in der Lage zu beurteilen, ob eine Lösung durch Zufall bzw. Glück oder durch eigene Anstrengung gefunden wurde. Erst im Grundschulalter unterscheiden sie deutlich zwischen eigenem Können und Glück. Mit ca. zehn Jahren werden eigene Fähigkeiten – durchaus in ihrer Abhängigkeit von Lern- und Entwicklungsprozessen gesehen – als Erklärung für Leistungen herangezogen.

Kontrollüberzeugungen

Ein wesentlicher Aspekt des eigenen Selbstkonzeptes sind im Grundschulalter die kindlichen Kontrollüberzeugungen. Schon bei Säuglingen zeigt sich ein starkes Bedürfnis, Wirkungen in der physikalischen und sozialen Umwelt zu erzielen. Diese Freude am Effekt im ersten Lebensjahr setzt sich im zweiten und dritten Lebensjahr fort, mit dem starken Bedürfnis, etwas selbst machen zu wollen. Mit dem Schuleintritt werden Kontrollüberzeugungen sehr wichtig für die Leistung. Das Gefühl, „das Heft selbst in der Hand zu haben", den Ort der Kontrolle über die eigene Leistungsfähigkeit bei sich selbst zu finden, ist entscheidend wichtig für die schulischen Leistungen der Kinder. Je mehr man von der eigenen Kontrolle überzeugt ist, umso stärker engagiert man sich in der Schule und erhöht damit seine Schulleistungen. Die verbesserten Schulleistungen führen wiederum in einer Art „Engelskreis" zu einer Erhöhung der eigenen Kontrollüberzeugung. Ein Teufelskreis in die Gegenrichtung ist natürlich genauso möglich. Ein wichtiger Einflussfaktor auf die eigenen Kontrollüberzeugungen sind die Interaktionen mit den Lehrer/innen. Warmherzigkeit und Unterstützung wirken sich positiv auf die kindlichen Kontrollüberzeugungen aus, während wenig unterstützende und ablehnende Lehrer/innen die Kontrollüberzeugung und damit letztendlich auch die Leistung der Kinder verringern.

Lehrer/innen, die die Leistung ihrer Schüler/innen durch stabile und kindbezogene Faktoren wie Fähigkeit und Fleiß erklären, loben schlechte Schüler/innen wenig und loben gute Schüler/innen auch dann noch, wenn deren Leistungen abfallen. Sie bewerten das Ergebnis einer Leistung, nicht den Lösungsprozess. Die Schüler/innen zeigen sich dann eher misserfolgsorientiert, halten sich für weniger begabt und haben auch Jahre später noch ein schlechteres Bild von sich. Anders Lehrer/innen, die auch die aktuelle Lernsituation und Anforderungen zur Leistungsbeurteilung heranziehen. Sie loben auch schlechtere Schüler/innen und tadeln einen Leistungsabfall guter Schüler/innen. Sie bestärken bereits erfolgreiche Arbeitsprozesse und praktizieren einen auf die einzelnen Kinder abgestimmten Unterricht, indem sie den Schwierigkeitsgrad der Aufgaben den Kindern anpassen und – wenn nötig – Lösungshilfen geben. In diesem Fall sind die Schüler/innen erfolgsorientierter. Generell sind warmherzige, zuverlässig und vorhersagbar reagierende Lehrer/innen besser in der Lage, bei den Kindern ein Gefühl der Kontrolle über die eigene Leistungsfähigkeit zu erzeugen, was wiederum zu höherem Engagement und besseren Leistungen führt. Bemerkenswert ist auch die Tatsache, dass bereits Grundschulkinder ihre eigenen Leistungen wie die der Kameraden durchaus realistisch einschätzen können.

Geeignete Entwicklungsanreize

Alle Untersuchungsergebnisse gehen in dieselbe Richtung: Gelingt es, einen jungen Menschen neugierig zu machen, hat man seine Aufmerksamkeit gewonnen. Er hört besser zu, schaut genauer hin, lässt sich viel weniger ablenken, speichert Einzelheiten und Zusammenhänge und entdeckt bei diesem Arbeiten in Höchstform Abweichungen von der Regel, die ihn wiederum neugierig machen und aktiv werden lassen. Auf den vielfältigen Wegen der Kommunikation im Beziehungsnetz findet Erziehung statt. Erziehung wird heute als zugewandte und kompetente Begleitung verstanden, eine Begleitung, die zum selbstständigen Erkennen und Handeln anleiten soll und kontextübergreifend eigene Gestaltungsmöglichkeiten wahrnehmen lässt.

- Erwachsene sollten auf Grund ihres Erfahrungsvorsprungs ein für das Kind günstiges Lebens- und Lernumfeld arrangieren.
- Geeignete Entwicklungsanreize sind Einladungen an die Kinder, auszuwählen und sich weiterzuentwickeln.

Bei diesem Verständnis von Erziehung geht es darum, Erfahrungen umzuorganisieren, damit diejenigen, die Erfahrungen machen, lebensbejahender und handlungsfähiger werden. Pädagog(inn)en greifen kindliche Themen auf und ermutigen zum Weitergehen, indem sie darauf achten, die Lebensbedingungen weiterhin attraktiv, herausfordernd, beeinflussbar und belohnend für das Kind zu organisieren.

Jetzt kommt es darauf an, wie das Kind die neu arrangierten Lebensbedingungen erlebt und welche eigenen Gestaltungsmöglichkeiten es darin wahrnimmt.

Der Gehirnforscher Gerald Hüther (vgl. Gebauer & Hüther 2001 und 2002) erinnert Pädagog(inn)en daran, dass Kinder ein nicht allzu fernes

Ziel, eine Vorstellung oder wenigstens eine Vision davon brauchen, weshalb sie auf der Welt sind, wofür es sich lohnt, sich anzustrengen, eigene Erfahrungen zu sammeln, sich möglichst viel Wissen, Fähigkeiten und Fertigkeiten anzueignen. Kinder brauchen Orientierungshilfen, äußere Vorbilder und innere Leitbilder, die ihnen Halt bieten und an denen sie ihre Entscheidungen ausrichten. Dann können sie sich im Wirrwarr von Anforderungen, Angeboten und Erwartungen zurechtfinden. Nur so kann im Frontalhirn ein eigenes, inneres Bild von Selbstwirksamkeit stabilisiert und für die Selbstmotivation in allen nachfolgenden Lernprozessen genutzt werden. Das Gehirn lernt immer und lernt das am besten, was einem jungen Menschen hilft, sich in der Welt, in die er hineinwächst, zurechtzufinden.

Die Bedeutung von Bewegung und Naturerfahrung

Die motorische Entwicklung gelangt in der Grundschulphase auf einen Höhepunkt. Bewegung ist aber nicht nur ein Primärbedürfnis, sondern trainiert zugleich die Wahrnehmungsfähigkeit und erleichtert das Lernen geistiger Inhalte, z. B. das Zahlenverständnis. Liegen und Sitzen dominieren leider den Alltag von Grundschulkindern; nur langsam entdecken Pädagogen, wie wichtig Aktivität und Rhythmik auch außerhalb des Sportunterrichts sind.

Die Naturerfahrungen von Kindern beeinflussen ihre Präferenzen als Jugendliche und Erwachsene. Auf dem Land aufgewachsene Jugendliche bevorzugen natürliche Umwelten. Sie geben selbst an, gerne Vögel zu beobachten, zu klettern, mit einem Kanu auf Flüssen zu schippern und im Wald herumzuradeln. Vorstadt- und Stadtkinder wollen hingegen lieber auf geteerten Wegen gehen, Musik hören, Skateboard fahren und in Fußgängerzonen bummeln. Komfort und Bequemlichkeit sind ihnen wesentlich wichtiger. Kinder kommen möglicherweise mit einer Vorliebe für natürliche Umgebungen auf die Welt. So bevorzugen vorpubertäre Kinder die Savanne, eine Landschaft, die den Ursprung der Menschheit darstellt, eine grüne Landschaft mit mäßiger Komplexität. Nach der Pubertät entwickelt sich eine Präferenz für solche Landschaften, die an jene erinnern, wo die Kindheit verbracht wurde. Die Erfahrung mit einer bestimmten Umgebung kann also die angeborenen ästhetischen Präferenzen verändern.

Natürliche Umgebungen sind förderlich für die Entwicklung der Kinder. „Naturkinder" finden sich auch später besser in ihrer Umgebung zurecht und haben weniger Angst vor einem unbekannten Terrain als Stadtkinder. Neben dem Orientierungssinn fördern Erkundungen in der Natur auch die Aufmerksamkeit sowie die Konzentrations- und Wahrnehmungsfähigkeit. Kindergartenkinder, die in natürlicheren Umgebungen spielten, zeigten Entwicklungsvorteile bezüglich körperlicher Fitness, Gleichgewichtssinn, Koordinationsfähigkeit, Konzentrationsfähigkeit, sozialer Fähigkeiten und Kreativität. Kreativität muss man locken, sie ist eine Begabung in Form unerwarteter, eigenwilliger und ungewöhnlicher Leistungen. Sie wird Personen attestiert, die sich Neuem, Nicht-vor-Augen-Liegendem, Spekulativem öffnen können. Die moderne Lernforschung sucht nach charakteristischen Faktoren in Lernumgebungen, die Kreativität fördern könnten, z. B. in verschiedenen Arbeitstechniken, die ein selbstständiges und selbstbestimmtes Lernen ermöglichen.

Jungen und Mädchen in der Grundschule

Mit sechs Jahren hat sich die Geschlechtsidentität von Jungen und Mädchen so weit stabilisiert, dass sie das eigene Geschlecht als unveränderbar betrachten. Sechs- bis zehnjährige Kinder zeigen geschlechtstypische Unterschiede in ihrem Sozialverhalten. Ab dem sechsten Lebensjahr spielen Jungen eher in größeren Gruppen und verbringen drei Viertel ihrer Zeit damit. Dabei wetteifern sie miteinander, zeigen Dominanzstreben und Risikobereitschaft; ihre Fantasien und Geschichten kreisen um Konflikte, Gefahren, Zerstörung, körperliche Stärke und heldenhafte Taten. Mädchen verbringen etwa nur ein Fünftel ihrer Zeit in größeren Gruppen und bevorzugen Zweierbeziehungen. In diesen Beziehungen wissen Mädchen mehr über ihre Spielkameradinnen als Jungen über andere Gruppenmitglieder. Mädchen reagieren eher auf Vorschläge anderer, machen eher Vorschläge und geben weniger Befehle. Für sie steht Kooperation im Vordergrund. Gerade Jungengruppen tendieren dazu, sich nach außen abzugrenzen. Wenn Jungen allerdings in Zweiergruppen miteinander interagieren, sind sie weniger auf Wettstreit aus und eher unterstützend und einfühlsam. Mit acht bis neun Jahren weicht die Selbstzuschreibung männlicher und weiblicher Eigenschaften etwas auf. Das bedeutet, dass Mädchen nun verstärkt bereit sind, auch maskuline Eigenschaften in ihr Selbstkonzept zu integrieren, und dass Jungen dieselbe Bereitschaft gegenüber femininen Eigenschaften zeigen.

Aspekte von Gesundheitserziehung

Eigentlich ist man mit sechs bis zehn Jahren noch recht jung und hat noch viele Möglichkeiten zu lernen und Erfahrungen zu sammeln vor sich – sollte man meinen. Doch neue Ergebnisse der Präventionsforschung lassen uns diese Aussage einschränken: In der Kindheit werden Lebensgewohnheiten, wie Ess-, Trink-, Konsum-, Arbeits- und Freizeitverhalten, in einer Form geprägt, die sich offensichtlich stark auf den Rest des Lebens auswirkt. Bereits in der Kindheit – in der Familie, im Kindergarten und in der Grundschule – lernen wir gesundheitsförderliches wie auch gesundheitsschädigendes Verhalten. Wollen wir also wirklich vorbeugen und dabei erfolgreich sein, so müssen wir uns den Eltern, Kindergärten und Grundschulen zuwenden, denn hier bieten sich die größten Chancen für die Umsetzung einer erfolgreichen Gesundheitserziehung. In Kindergarten und Grundschule kann man beim immer selbstständiger werdenden Kind auch Kontrapunkte zu familiär bedingten Fehlentwicklungen setzen – auf alle Fälle weit besser als in der Pubertät, wenn Jugendliche sich abgrenzen und daher weniger ansprechbar sind, und wenn sie zu ihrem Körper ein neues, ambivalentes Verhältnis ausbilden und sich bewusst gesundheitlichen Risiken aussetzen.

Bildung braucht Beziehung

Passen Kind und Schule zusammen? Ja, wenn diese nach dem Motto „Lernorte müssen auch Lebensorte sein“ arbeitet. Schule ist eine Erfindung der Neuzeit – eine Antwort der Gesellschaft auf den rasanten kulturellen Fortschritt und die Diversifizierung und Verinselung der Arbeits- und Lebenswelten. Gegen diese Insellösung stritt der Kulturphilosoph und Physiker Ivan Illich (2003) bereits radikal vor 30 Jahren: „In die Schule aufgenommene Schüler unterwerfen sich diplomierten Lehrern, um ihrerseits wieder Diplome zu erlangen. Beide sind frustriert, und beide machen unzulängliche Ressourcen für ihre Frustrationen verantwortlich." Seiner Meinung nach wird Wissen am besten außerhalb der Schule aufgesogen, im Leben. Schule sei eine Krankheit und Lehrer hinderten Kinder eher beim Lernen, als dass sie deren Lernprozesse befördern. Auch in der Freizeit werden die Kinder immerfort nachgeschult, ihre Kindheit durchorganisiert: Malen im Kurs statt auf der Straße mit Freunden, musikalische Frühförderung statt Singen in der Familie. Was Illich propagiert, ist eine Rückkehr der Bildung in den Alltag, eine Entschulung der Gesellschaft.

Ein erster Schritt in diese Richtung wäre, Kinder auf Abenteuerreise zu schicken: ihnen jenseits der Schulzimmer Wissenstankstellen mitten in der Lebenswelt des Alltags von Könnern zu eröffnen ... Eltern und Könner in die Schule zu holen, wäre ebenfalls ein wichtiger Schritt, um die Schule durchlässiger zu machen, sie wieder zu einem Lebensort werden zu lassen.

Und wie wichtig die Beziehungsqualität zu demjenigen ist, von dem man sich etwas aneignen möchte, weiß man nicht erst seit kurzer Zeit: Herzogin Anna Amalia von Sachsen-Weimar-Eisenach, die Kulturspezialistin zu Zeiten Goethes in Weimar, wollte die besten Lehrer für ihre Kinder, „aber auch Freunde und Gefährten sollten sie sein". Am „runden Tisch" sollten sie zusammen mit den Kindern Pläne schmieden, gemeinsam essen und Theaterstücke besprechen. An dem „runden Tisch", an dem sich abendlich die geistige Elite der Weimarer Klassik traf.

Hans Rudolf Leu vom Deutschen Jugendinstitut geht davon aus, dass Erwachsene den Rahmen schaffen, in dem das Kind sich als leistungsfähig und ernst genommen erlebt. Es fühlt sich anerkannt, wenn es mit anderen, die ihm wichtig sind, zusammen agiert. Das sind die Voraussetzungen, die sein Tun in seinen eigenen Augen bedeutsam machen.

Literatur

Baumrind, D. (1978): Parental disciplinary patterns and social competence in children. Youth and society 9, 229–276.

Bensel, J. (2003): Was sagt mir mein Baby, wenn es schreit? Wie Sie Ihr Kind auch ohne Worte verstehen und beruhigen können. Ratingen: Oberstebrink.

Bischof-Köhler, D. (2000): Kinder auf Zeitreise. Theory of Mind, Zeitverständnis und Handlungsorganisation. Bern: Hans Huber.

Bischof-Köhler, D. (2002): Von Natur aus anders. Die Psychologie der Geschlechtsunterschiede. Stuttgart: Kohlhammer.

Büttner, C. (2003): Mädchen und Jungen in Tageseinrichtungen für Kinder. Geschlechterrollen, Macht und Attraktivität. S. 22–31. In: Büttner, C./Nagel, G. (Hrsg.) Alles Machos und Zicken? Seelze-Velber: Kallmeyer.

Czisch, F. (Vorabdruck von 2005): Kinder können mehr. Anders lernen in der Grundschule. München: Kunstmann.

Daurer, D. (1999): Staunen, Zweifeln, Betroffensein. Mit Kindern philosophieren. Weinheim: Beltz.

Eliot, L. (2001): Was geht da drinnen vor? Die Gehirnentwicklung in den ersten fünf Lebensjahren. Berlin: Berlin Verlag.

Elschenbroich, D. (2002): Weltwissen der Siebenjährigen. Wie Kinder die Welt entdecken können. München: Goldmann.

Emde, R. N. (1998): Early emotional development: New modes of thinking for research and intervention. Pediatrics 102 (5), 1236–1243.

Focks, P. (2002): Starke Mädchen, starke Jungs. Leitfaden für eine geschlechtsbewusste Pädagogik. Freiburg: Herder.

Focks, P. (2003): Warum brauchen wir eine geschlechtsbewusste Pädagogik im Elementarbereich? In: Paritätischer Wohlfahrtsverband (Hrsg.) Ein Blick über die Grenzen: Vorurteils- und genderbewusste Bildung als Basis für Chancengleichheit und Integration. Fachtagung vom 6. bis 8. November 2002. Frankfurt.

Frick, J. (2003): Resilienz – Konsequenzen aus der Forschung für die Praxis. Kindergarten heute 9, 7–13.

Friedrich, G./Bordihn, A. (2003): So geht's – Spaß mit Zahlen und Mathematik im Kindergarten. Kindergarten heute – spot. Freiburg: Herder.

Gebauer, K./Hüther, G. (2001); (Hrsg.): Kinder brauchen Wurzeln. Neue Perspektiven für eine gelingende Entwicklung. Düsseldorf: Walter.

Gebauer, K./Hüther, G. (2002); (Hrsg.): Kinder suchen Orientierung. Anregungen für eine sinnstiftende Erziehung. Düsseldorf: Walter.

Gopnik, A./Kuhl, P./Meltzoff, A. (2001): Forschergeist in Windeln. Wie Ihr Kind die Welt begreift. Kreuzlingen: Ariston.

Grossmann, K. E. (2003): Emmy Werner: Engagement für ein Lebenswerk zum Verständnis menschlicher Entwicklung über den Lebenslauf. S. 15–33. In: Brisch, K. H./Hellbrügge, T. (Hrsg.) Bindung und Trauma. Stuttgart: Klett-Cotta.

Harris, J. R. (2000): Ist Erziehung sinnlos? Die Ohnmacht der Eltern. Reinbek: Rowohlt.

Hassenstein, B. (2007): Verhaltensbiologie des Kindes. Münster: Monsenstein und Vannerdat.

Haug-Schnabel, G. (1999): Aggressionen im Kindergarten. Freiburg: Herder.

Haug-Schnabel, G. (2002): Wie Kinder sauber werden können. Was Sie als Eltern wissen müssen, damit das Sauberwerden klappt. Ratingen: Oberstebrink.

Haug-Schnabel, G./Schmid-Steinbrunner, B. (2002): Wie man Kinder von Anfang an stark macht. So können Sie Ihr Kind erfolgreich schützen – vor der Flucht in Angst, Gewalt und Sucht. Ratingen: Oberstebrink.

Hoenisch, N./Niggemeyer, E. (2007): Hallo Kinder, seid Erfinder! Abenteuer mit dem Alltäglichen für 4- bis 9-Jährige und ihre erwachsenen Begleiter. Berlin: Cornelsen Scriptor.

Howes, C./Matheson, C. C. (1992): Sequences in the development of competent play with peers: Social and social pretend play. Developmental Psychology 28 (5), 961–974.

Illich, I. (2003): Entschulung der Gesellschaft. München: C. H. Beck.

Juul, J. (2003): Das kompetente Kind. Reinbek: Rowohlt.

Kazemi-Veisari, E. (2002): Wieso, weshalb, warum – Kinder sind nicht dumm! Kindergarten heute 3, 6–12.

Keller, H. (1997); (Hrsg.): Handbuch der Kleinkindforschung. Bern: Hans Huber.

Kirkilionis, E. (1999): Ein Baby will getragen sein. München: Kösel.

Kirkilionis, E. (2008): Bindung stärkt. Emotionale Sicherheit für Ihr Kind – der beste Start ins Leben. München: Kösel.

Knauf, T. (2003): Zusammenarbeit Kindergarten – Grundschule: Ziele, Probleme, Chancen und Perspektiven. S. 47–56. In: Zukunftsstiftung Bildung (Hrsg.) Dokumentation zum Tag der Bildung am 8.10.2003 in Düsseldorf. Weinheim: Beltz.

Krenz, A. (2002): Was Kinderzeichnungen erzählen. Kinder in ihrer Bildsprache verstehen. Dortmund: Verlag modernes Lernen.

Krenz, A. (2003): Ist mein Kind schulfähig? Ein Orientierungsbuch. München: Kösel.

Laewen, H.-J./Andres, B. (2007); (Hrsg.): Forscher, Künstler, Konstrukteure. Berlin: Cornelsen Scriptor.

Laewen, H.-J./Andres, B./Hédervári, É. (2006): Ohne Eltern geht es nicht. Die Eingewöhnung von Kindern in Krippen und Tagespflegestellen. Berlin: Cornelsen Scriptor.

Largo, R. H. (1999): Kinderjahre. Die Individualität des Kindes als erzieherische Herausforderung. München: Piper.

Largo, R. H. (2007): Babyjahre. Entwicklung und Erziehung in den ersten vier Jahren. München: Piper.

Michaelis, R. (2006): Die ersten fünf Jahr im Leben eines Kindes. München: Knaur.

Malatesta, C. Z./Haviland, J. M. (1985): Signals, symbols, and socialization: The modification of emotional expression in human development. S. 89–116. In: Lewis, M./Saarni, C. (eds.) The socialization of emotions. New York: Plenum Press.

Niesel, R./Griebel, W./Netta, B. (2008): Nach der Kita kommt die Schule. Mit Kindern den Übergang schaffen. Freiburg: Herder.

Oerter, R./Montada, L. (2002); (Hrsg.): Entwicklungspsychologie. Weinheim: Beltz.

Pauen, S. (2003): Denken vor dem Sprechen. Gehirn & Geist 1, 44–49.

Permien, H./Frank, K. (1995): Schöne Mädchen – Starke Jungen? Gleichberechtigung: (k)ein Thema in Tageseinrichtungen für Schulkinder. Freiburg: Lambertus.

Petermann, F./Niebank, K./Scheithauer, H. (2004): Entwicklungswissenschaft. Entwicklungspsychologie – Genetik – Neuropsychologie. Berlin: Springer.

Rohrmann, T. (2003): Was brauchen Jungen? Vielfältiges „Junge-Sein" ermöglichen. S. 114–127. In: Büttner, C./Nagel, G. (Hrsg.) Alles Machos und Zicken? Seelze-Velber: Kallmeyer.

Schäfer, G. E. (2003): Bildung ist mehr als Lernen. Oder: Wie man einen Elefanten schaukelt. S. 37–46. In: Zukunftsstiftung Bildung (Hrsg.) Dokumentation zum Tag der Bildung am 8.10.2003 in Düsseldorf. Weinheim: Beltz.

Schuster, M. (2001): Kinderzeichnungen. Wie sie entstehen, was sie bedeuten. München: Ernst Reinhardt.

Singer, W. (2001): Was kann ein Mensch wann lernen? Universitas 56. Teil 1: 663 (9), 880–892. Teil 2: 664 (10), 1011–1019.

Spangler, G./Grossmann, K. E. (1993): Biobehavioral organization in securely and insecurely attached infants. Child Development 64, 1439–1450.

Steinebach, C. (2000): Entwicklungspsychologie. Stuttgart: Klett-Cotta.

Suess, G. J./Scheuerer-Englisch, H./Pfeifer, W.-K. P. (2001); (Hrsg.): Bindungstheorie und Familiendynamik. Anwendung der Bindungstheorie in Beratung und Therapie. Gießen: Psychosozial Verlag.

Tomasello, M. (2002): Die kulturelle Entwicklung des menschlichen Denkens. Frankfurt am Main: Suhrkamp.

Unzner, L. (1999): Bindungstheorie und Fremdunterbringung. S. 268–288. In: Suess, G. J./Pfeifer, W.-K. P. (Hrsg.) Frühe Hilfen. Gießen: Psychosozial Verlag.

Zimmer, R. (1999): Schafft die Stühle ab! Bewegungsspiele für Kinder. Freiburg: Herder.

Wolf, K. (2000): Heimerziehung aus Kindersicht als Evaluationsstrategie. S. 6–39. In: SPI im SOS-Kinderdorf (Hrsg.) Heimerziehung aus Kindersicht (Autorenband 4). München: Eigenverlag SOS.

Autoren

Priv. Doz. Dr. rer. nat. Gabriele Haug-Schnabel, Verhaltensbiologin und Völkerkundlerin, nach interdisziplinärer Habilitation Privatdozentin an der Wirtschafts- und Verhaltenswissenschaftlichen Fakultät der Universität Freiburg, mehrere interdisziplinäre Forschungsprojekte zum kindlichen Verhalten. Initiatorin und Leiterin der 1993 gegründeten Forschungsgruppe Verhaltensbiologie des Menschen (FVM), vielfache Fachbuchautorin.

Dr. rer. nat. Joachim Bensel, Verhaltensbiologe, Mitinhaber der FVM. Forschungsprojekte zur außerfamiliären Betreuung, zur Peerinteraktion und zur Verhaltensentwicklung und chronischen Unruhe im Säuglingsalter. Leiter der „Freiburger Säuglingsstudie", Fachbuchautor.

Die selbstständige Forschungsgesellschaft FVM untersucht die menschliche Verhaltensentwicklung und übersetzt wissenschaftliche Erkenntnisse in die Praxis, in Form von Gutachten, Fortbildungen (für Erzieherinnen, Pädagogen, Pädiater, Kinder- und Jugendpsychiater und klinische Verhaltenstherapeuten), als Rundfunk- und Fernsehbeiträge sowie als Publikationen. Kontakt: Forschungsgruppe Verhaltensbiologie des Menschen (FVM), Obere Dorfstr. 7, 79400 Kandern, Tel. 07626-970267.
info@verhaltensbiologie.com
Website: www.verhaltensbiologie.com